**KATRIN
BROCKMÖLLER**

Vom Segen der Stille

KATRIN BROCKMÖLLER

Vom Segen der Stille

Innere Ruhe finden
mit biblischen Worten

camino.

Die Autorin
Dr. Katrin Brockmöller wurde 1973 in Passau geboren. Sie studierte Katholische Theologie in Passau, Jerusalem und Würzburg und promovierte 2003. Von 2006 bis 2014 war sie Dozentin am Theologisch-Pastoralen Institut für Fort- und Weiterbildung pastoraler Mitarbeiter/-innen der Diözesen Limburg, Mainz und Trier. Seit Dezember 2014 ist Dr. Katrin Brockmöller Direktorin des Katholischen Bibelwerks e.V.

2. Auflage 2020

Ein camino.-Buch aus der
© 2019 Verlag Katholisches Bibelwerk GmbH, Stuttgart
Alle Rechte vorbehalten

Für die Texte der Einheitsübersetzung der Heiligen Schrift,
vollständig durchgesehene und überarbeitete Ausgabe
© 2016 Katholische Bibelanstalt GmbH, Stuttgart
Alle Rechte vorbehalten

Umschlaggestaltung: Finken & Bumiller, Stuttgart
Layout und Satz: wunderlichundweigand, Schwäbisch Hall
Hersteller gemäß ProdSG:
Druck und Bindung: Finidr s.r.o., Lípová 1965, 737 01 Český Těšín, Czech Republic
Verlag: Verlag Katholisches Bibelwerk GmbH, Silberburgstraße 121, 70176 Stuttgart

www.caminobuch.de
ISBN 978-3-96157-124-6

Auch als E-Book erhältlich unter
ISBN 978-3-96157-967-9

INHALT

Aus dem Chaos

Das Licht herausrufen 8
Zum Durchgehen ermutigt 16
Ins Schweigen finden 27
Mut zum Aussteigen 38

Schritt für Schritt

Da muss ich hin! 50
Pause machen ... 60
Was willst du hier? 70

Ruhe finden

Ich sorge für mich 82
Ich lerne 92
Ich höre zu 100

Friedenswege

Tun, was zu tun ist 108
In mir versöhnt 118
Folgt mir nach! 126

Schweigen

Drinnen bei dir 134
In deiner Gegenwart 144
Einfach nur Atmen 150

Aus dem Chaos

Das Licht herausrufen
Zum Durchgehen ermutigt
Ins Schweigen finden
Mut zum Aussteigen

Das Licht herausrufen

Genesis 1,1–5

---

[1] Im Anfang erschuf Gott Himmel und Erde.

[2] Die Erde war wüst und wirr
und Finsternis lag über der Urflut
und Gottes Geist schwebte über dem Wasser.

[3] Gott sprach: Es werde Licht.
Und es wurde Licht.

[4] Gott sah, dass das Licht gut war.
Und Gott schied das Licht von der Finsternis.

[5] Und Gott nannte das Licht Tag
und die Finsternis nannte er Nacht.
Es wurde Abend und es wurde Morgen:
erster Tag.

Wie hört sich
Tohuwabohu an?
Hat die Finsternis
einen Ton?
　　Wie klingt der
Geist Gottes?

Diese Fragen sind nicht so einfach zu beantworten, weil Stille und Lärm nicht die eigentlichen Themen des Gedichtes über die Schöpfung in Genesis 1,1–2,3 sind. Das Gedicht hat einen anderen Fokus. Es will zeigen, wie sicher, wohlgeordnet und gesegnet das Leben von Gott gewollt ist. Gottes Schöpfung ist sehr gut.

Das will Mut machen in Zeiten, in denen das anders erscheint. Die Welt ist stabil, die natürlichen Rhythmen dauerhaft, die Generationen folgen aufeinander, ausreichend Nahrung ist vorhanden und Friede herrscht zwischen allen Lebewesen. Dass damit noch nicht alles über die Welt gesagt ist, davon erzählen die folgenden Texte der gesamten Bibel. Aber der Anfang wird als perfekt geschildert. Der Anfang ist das Ziel, auf das wir uns immer neu ausrichten und berufen können.

Die ersten Worte der Bibel klären auch, wer die Welt erfunden hat: »Im Anfang erschuf Gott Himmel und Erde.« Doch ist das keine Schöpfung aus dem Nichts oder der Leere. Es sind alle wesentlichen Grundelemente vorhanden. Die göttliche Kunst besteht in der Arbeit mit dem Vorhandenen, in der Kunst der Unterscheidung und Ordnung.

Die Erde war *tohu-wa-bohu,* »wüst und wirr«, leer wie eine Wüste oder durcheinander wie ein Schlachtfeld, auf jeden Fall ohne Form und Gestalt.

Das Wort »Tohuwabohu« kannte ich lange, bevor ich Hebräisch lernte. Meine Mutter gebrauchte es regelmäßig beim Blick in mein Zimmer: »Was für ein Tohuwabohu! Räum das auf!« So verschieden können Perspektiven sein.

Ich fühlte mich sehr wohl in meinem Raum. Ich war darin weder verloren, noch musste ich Dinge suchen, noch störte mich der Anblick. Ich fühlte mich auch nicht eingeschränkt oder gar bedroht, empfand weder Leere noch Langeweile. Im Gegenteil: Mein Zimmer war ein Ausdruck meiner Lebendigkeit und Gestaltungskraft. Ich wehrte mich entschieden gegen die eingeforderte Ordnung. Meinen Raum zu gestalten, wie und wann ich wollte, das war meine Freiheit und mein Leben. Und genau aus diesen verschiedenen Zutaten meines jugendlichen Tohuwabohus gestaltete sich mein Leben als erwachsene Frau.

Wie hört sich also *Tohuwabohu* an? Für mich ein bisschen nach Musik der 80iger auf selbst zusammengestellten Cassetten.

Im biblischen Schöpfungsgedicht ordnet Gott selbst das anfängliche *Tohuwabohu* innerhalb von einer Woche in ein Lebenshaus für alle. Es gehört zu den ganz feinen Nuancen dieses Gedichtes, dass Gott eben nicht aus »nichts« etwas formt, sondern schon etwas da ist und auch da bleiben darf.

Die Erde bleibt, die Finsternis bleibt, die Urflut bleibt, die Wasser bleiben und natürlich der Geist Gottes. Durch Schöpfung wird nichts zerstört, sondern es wird unterscheidbar gemacht. Aus der Finsternis heraus ruft Gott als Erstes das Licht. Licht wie Finsternis erhalten ihre Zeiträume und der Wechsel von Tag und Nacht wird zur Grundstruktur des Lebens.

Die Finsternis ist keine dämonische Kraft in sich, sondern einfach das Gegenüber zum Licht. Genau diesen

Rhythmus von Tag und Nacht brauchen wir, um gesund zu bleiben. Menschen in Dunkelheit oder in grellem Licht zu halten, ist eine brutale Foltermethode.

Urflut und Wasser bleiben ebenfalls erhalten, bekommen aber am zweiten Tag ihren Ort zugewiesen. Gott setzt ihnen Grenzen, oder anders ausgedrückt: Sie erhalten einen speziellen Raum nur für sich. Die Urflut bekommt einen Ort außerhalb des Gewölbes und unterhalb der Erdscheibe, das Wasser innerhalb des Gewölbes sammelt sich an einem Ort und wird umbenannt zu »Meer«. Diese Wasser sind offensichtlich bedrohlich, von ihnen gehen Gefahren aus, die ständig in Zaum gehalten werden müssen. Ihr neuer Ort ist »außen« und dadurch entsteht ein Innenraum zum Leben. Genau das ist in biblischem Verständnis Schöpfung – die aggressive Urflut und die Chaosmächte fern zu halten und einen Raum des Lebens zu ermöglichen.

Ein weiteres Element ist schon da, bevor Gott mit der Schöpfung beginnt: sein *Atem,* der göttliche Geist, die *ruach*. Der göttliche »Wind« existiert lange vor Gottes Schöpfungswerken; von den Werken oder gar vom Zustand der Schöpfung ist er unabhängig. Selbst wenn einzelne Schöpfungswerke aufhören würden zu existieren, die *ruach,* der *Geist* Gottes bleibt. Er ist kein »Werk«. Er wird nicht verändert. Das Atmen Gottes ist so etwas wie ein ewiger Grundbaustein der Welt.

In diesen ersten fünf Versen ist alles grundgelegt. Die grundsätzlichen Strukturen der Schöpfung sind da. Diesen Anfang von allem haben die Dichter der Bibel ganz besonders gestaltet. Einerseits hat der Text im Hebräischen einen ganz besonderen Klang und zusätzlich zeigen die ganz genau ausgezählten Worte nicht nur hohe Kunstfertigkeit, sondern sind wie ein Spiegel der Aussage: Hier ist nichts Zufall!

Im Deutschen beginnt die Bibel mit einem dreifachen »A«-Laut: Am Anfang ... Ein schönes Spiel mit Klang und Alphabet. Der erste Buchstabe eröffnet die Bibel und die Schöpfung. In der hebräischen Sprache beginnt die Bibel mit Wiederholungen des zweiten Konsonanten des Alphabets »B«: *bereschit bara* ... Die jüdische Tradition deutet das so aus: Der erste Buchstabe »A« bleibt Gott selbst vorbehalten, denn so beginnen der Gottesname und das Bekenntnis (*adonai echad* – Gott ist eins). Die erschaffene Welt beginnt mit dem zweiten Buchstaben.

Es ist erstaunlich, mit welcher Kunst die Verse auch auf der Wortebene gebaut sind. Sicher nicht zufällig besteht der erste Vers aus sieben Wörtern (sogar in der deutschen Übersetzung!), der zweite Vers aus vierzehn. Die Welt beginnt mit der heiligen Zahl sieben, insgesamt dreimal. Dann im dritten Vers kommt das Spiel mit der Zahl sechs. Vers drei hat sechs Wörter und Vers vier insgesamt zwölf. Vers fünf schließt mit dreizehn Wörtern den ersten Tag der Schöpfung ab, so dass nun insgesamt 52 Wörter die erste Woche der Welt, das erste Kapitel der Schrift eröffnen. Man muss kein Zahlenmystiker sein, um zu ahnen, dass hier einfach eine ganz grundlegende Ordnung geschaffen wird. Im Text wie in der Welt.

Die Bibel und die Erzählung von der Schöpfung beginnen nicht mit Stille oder gar Schweigen. Ich glaube, es ist sogar ziemlich laut und unangenehm in diesen ersten Versen. Aber aus genau diesem Material entwickelt Gott die Welt bis zur Vollendung in der Ruhe des siebten Tages.

Für mich ist es ein unglaublich tröstender Gedanke, ein Teil dieser Schöpfung zu sein. In all den Unruhen der Welt, um mich und in mir, den chaotischen, dunklen und aggressiven Fluten, ist immer schon der göttliche Geist präsent.

Gebet ist nichts anderes, als von Gott das Licht herausrufen zu lassen und die rechten Räume der Elemente zu finden und sie darin in ihrer Kraft am rechten Ort zu wissen.

Ein Impuls

Ich kann die ersten fünf Verse (Gen 1,1–5) auswendig und wiederhole sie oft an verschiedensten Orten, mal laut, meistens leise. Es ist einfach schön, diesem Klang nachzugehen und dabei auf meine ganz eigenen Gedanken und Gefühle zu lauschen.

Zum Weiterlesen

Ich bin neugierig und lese weiter bis zur Vollendung am siebten Tag (Gen 1,1–2,3) und schaue dann auf das Ende der Welt im Buch der Offenbarung 21.

Ich setze mich auch Jeremia 4,22–28 aus und genieße Sprichwörter 8,22–31.

Heiliges Wort
Es werde Licht!

Zum Durchgehen ermutigt

Jesaja 43,1–7

---

¹ Jetzt aber – so spricht der EWIGE*,
der dich erschaffen hat, Jakob,
und der dich geformt hat, Israel:
Fürchte dich nicht, denn ich habe dich ausgelöst,
ich habe dich beim Namen gerufen, du gehörst mir!

² Wenn du durchs Wasser schreitest, bin ich bei dir,
wenn durch Ströme, dann reißen sie dich nicht fort.
Wenn du durchs Feuer gehst, wirst du nicht versengt,
keine Flamme wird dich verbrennen.

³ Denn ich, der EWIGE, bin dein Gott,
ich, der Heilige Israels, bin dein Retter.
Ich habe Ägypten als Kaufpreis für dich gegeben,
Kusch und Seba an deiner Stelle.

4 Weil du in meinen Augen teuer und wertvoll bist
und weil ich dich liebe,
gebe ich Menschen für dich und für dein Leben ganze Völker.

⁵ Fürchte dich nicht, denn ich bin mit dir!
Vom Aufgang der Sonne bringe ich deine Kinder herbei
und vom Untergang her sammle ich dich.

⁶ Ich sage zum Norden: Gib her!
und zum Süden: Halt nicht zurück!
Führe meine Söhne heim aus der Ferne,
meine Töchter vom Ende der Erde!

⁷ Denn jeden, der nach meinem Namen benannt ist,
habe ich zu meiner Ehre erschaffen, geformt und gemacht.

---

*Das Wort »HERR« in der besonderen Schreibweise mit Kapitälchen zeigt in der Einheitsübersetzung den Gottesnamen JHWH an. Der Name Gottes wird in Ex 3,14 mit einem Wortspiel von »sein« erklärt: »Ich bin, der ich bin« oder mit Luther: »Ich werde sein, der ich sein werde.« Der eigentliche Name wird wegen seiner Heiligkeit im Judentum bis heute nicht ausgesprochen. Die Tradition bietet viele Varianten als Ersatzworte: z.B. der/die Ewige, DU, ER, der Name, der Ort, ... Jedes »HERR« im biblischen Text ist also wie eine Einladung, eine persönliche Anrede zu finden. Im Jesajazitat oben wurde »der EWIGE« gewählt, in allen weiteren Bibeltexten bleibt »HERR«, damit Sie ein persönlich passendes Wort finden können.

Wie hören sich
tosende Wasser-
massen an?
Welches
Geräusch macht
ein Feuermeer?
Wie klingt der
Blick Gottes?

Jetzt, aber …« so beginnt diese Gottesrede. Jetzt! Nicht bald oder morgen oder damals. Nein, genau jetzt, in diesem Moment spricht Gott. Das erste Wort dieser Verse ist so stark und zieht so sehr unsere Aufmerksamkeit in die Gegenwart, dass wir fast vergessen, dass wir historisch gesehen nicht die eigentlichen Adressaten sind. Diese prophetischen Worte sind für Frauen und Männer gesprochen, die vor gut 2.500 Jahren aus einem langen Exil zurück in ihre Heimat aufbrechen können. Noch zögern sie, sind unsicher, niemand weiß, wie sich das neue Leben gestalten wird.

Meine Generation lebt in Westeuropa mitten in einer Friedenszeit. Was es heißt, einen Krieg zu überleben und als Flüchtling in einem fremden Land zu sein, berührt mich dennoch täglich. Seit Jahren vergeht kein Tag ohne einen Blick in das Gesicht eines jungen Mannes, einer Frau, in Kinderaugen, die von »daheim« träumen. Ich höre morgens die Kinder der Familie von gegenüber lachen. Ich staune über die Kraft der Mutter, die ihre Kinder mitten auf der Dorfstraße spielen lässt und auf die besorgten Nachfragen der Nachbarinnen antwortet: Diese Kinder haben den Krieg in Syrien überlebt. Allah ist mit ihnen. Was soll ihnen hier passieren?

Die Gottesrede in Jesaja 43,1–7 findet in einer Gegenwart statt, die auf einer gemeinsamen Geschichte Gottes mit seinem Volk ruht. Der EWIGE selbst hat Jakob erschaffen, die EWIGE hat Israel geformt. Beide Sätze klingen im Deutschen sehr, sehr ähnlich, fast dasselbe. In der hebräischen Poesie gehört es zum wichtigsten Stilmittel, eine Aussage mindestens zweimal mit kleinen oder größeren Bedeutungsverschiebungen auszusprechen. Deshalb ist jeder biblische Vers wie eine Einladung: Suche mit Lust das Gemeinsame oder Unterscheidende! Finde die Mitte! Geh an die Grenzen! So können »Jakob« und »Israel« für zwei Aspekte einer einzigen Person stehen: Der Stammvater Jakob erhielt nach seinem Gotteskampf den neuen Namen »Israel« (Gen 32,23–33). Jakob kann aber auch ein Hinweis sein auf den kleinen Anfang der Sippe, auf die sich später das ganze Volk Israel zurückführt.

Wen spricht Gott hier an? Den individuellen Jakob oder das kollektive Israel? Sind Jakob wie Israel vielleicht sogar Synonyme für alle Frauen, Männer und Kinder im Volk Israel? Bin ich auch dabei? Was verbindet mich mit Jakob/ Israel? Was unterscheidet mich von Jakob/ Israel? Welche Erfahrungen mit dem EWIGEN, der mich erschaffen und geformt hat, tragen meine Biografie? Viele Fragen werden ausgelöst durch diese poetische Sprache, die sich mehr an Entdeckungen und assoziativen Netzwerken orientiert als an klarer Begriffsdefinition.

Wer auch immer Jakob/ Israel genau sind, Gott hat sie erschaffen und geformt. Damit kommen zwei klassische Schöpfungsverben ins Spiel, die fast identisch verwendet werden können: erschaffen und formen. Sucht man die Unterschiede, dann kann »erschaffen« den Punkt des Anfangs meinen, die Initiative und den Impuls, während »formen« an das Wachsen und Reifen von Körper, Geist und Seele erinnert.

Nach diesen ersten Worten, die wie eine Einladung zur Meditation der eigenen Herkunft erscheinen, folgt in Jesaja 43,1 das erste Mal die sogenannte Ermutigungsformel: Fürchte dich nicht! Also zuerst der Ruf in die Gegenwart, dann eine biografische Erinnerungsreise zu meinen Ahnen, meinen Mentorinnen und Mentoren, meinen Geschichten. Da hinein spricht Gott, der Ewige, den so berühmten und oft wiederholten Satz: Fürchte dich nicht!

Der wissenschaftliche Fachbegriff für diesen Zuspruch heißt »Ermutigungsformel«. Jedes Mal, wenn ich den Begriff »Ermutigungsformel« höre, muss ich an einen Mann denken, bei dem ich vor einigen Jahren einen Kurs in Erster Hilfe gebucht hatte. Sollte ich je einen schweren Unfall haben, ich wünschte, er wäre an meiner Seite. Er hat uns das Wort »Ermutigung« tagelang wiederholen lassen, immer wieder. Was sind die ersten Schritte? Was macht ihr, wenn ihr zu jemand mit schweren Verletzungen kommt? Wir lernten schnell die einzelnen Schritte sowohl für lebensrettende Sofortmaßnahmen als auch für Wundversorgungen aller Art aufzusagen. Allerdings dauerte es lange, bis unsere Aufzählungen nicht mehr mit einem lauten »Halt, etwas fehlt!« konfrontiert wurden. Was wir immer vergaßen und was nicht in den Unterlagen stand, war das Wort »Ermutigung«! Ermutigung kam bis zu diesem Kurs in meinem Sprachschatz gar nicht vor. Als wir dann alle diese Grundlage gut beherrschten, folgte der nächste Lernschritt. O.k., also Ermutigung und wie machst du das? Auch das wurde zu einer Lehre fürs Leben: Unser Erste-Hilfe-Lehrer achtete sehr streng darauf, dass wir auf keinen Fall versuchten, mit »ist ja nicht so schlimm« oder »wird schon wieder« zu trösten. Ich werde es nie vergessen.

Ermutigung, das ist:
1. Sprich die verletzte Person freundlich an. Stell dich vor. Informiere, dass du jetzt da bist und die verletzte Person nicht allein ist, dass du helfen wirst und weitere Hilfe organisieren kannst.
2. Beschreibe, was du siehst und wahrnimmst. Sei ehrlich und realistisch und dramatisiere nicht.
3. Fasse die verletzte Person nicht einfach an (auch wenn sie bewusstlos ist!) und beschreibe jeden Schritt, den du tun wirst.

Gott macht es in Jesaja 43 ähnlich. Er stellt sich vor, ermutigt, beschreibt die Realität und stellt weitere Maßnahmen in Aussicht. Ein perfekter Ersthelfer.

Die Verletzung oder zumindest Gefährdung geschieht in Jes 43,2 durch Wasser und Feuer. Das ist reale Situation und Metapher gleichzeitig. Wir müssen durch Wasser und Ströme, ebenso wie durch Feuer und Flammen. Diese Urbilder füllen sich wie von selbst mit Erinnerungen. Wieder ist die scheinbare Wiederholung desselben (Wasser und Ströme, Feuer und Flamme) ein Stilmittel, das unterschiedliche Nuancen sichtbar machen kann. Die »Wasser« können wie beim Exodus als Mauer rechts und links von uns stehen, wie ein Sumpf erlebt werden oder mit solcher Wucht auf uns einströmen, dass wir den Halt verlieren. Alle Facetten sind lebensgefährlich. Sicherlich spielt der prophetische Dichter hier die Erzählung vom Exodus ein und stellt damit den Auszug aus Babylon mit dem Auszug aus Ägypten in Parallele. Vielleicht schwingt auch eine Assoziation an die Urflut mit, die durch die Schöpfung begrenzt und gebändigt, aber nicht verschwunden ist. Vielleicht stehen die »Wasser« für das ganz grundsätzliche Erleben und die »reißenden Ströme« für konkrete Ereignisse? Wie auch immer, es ist Poesie und lebt von unseren Assoziationen und Einfällen.

Auf jeden Fall spricht die Gottesrede in Vers 2 von Erfahrungen an den Grenzen von Leben und Tod. Sie dramatisiert dabei nicht, aber sie verharmlost auch nicht. Gott verspricht nicht, dass wir am Wasser oder Feuer vorbeikommen könnten, sondern dass er eben darin bei uns ist.

Weil das gefährlich sein kann, betont Gott in Vers 3: Ich bin dein Retter. Genau das ist Ermutigung. Mein Erste-Hilfe-Lehrer hätte seine Freude daran. Gott benennt auch gleich noch, was er zur Rettung schon eingesetzt hat: Ägypten, Kusch und Seba und er wird noch mehr geben an Menschen und Ländern. Aus moderner Perspektive ist das schwer zu hören. Ich will natürlich nicht, dass für mich andere Länder und Menschen verschenkt, erniedrigt und verkauft werden! Und ich möchte auch nichts mit einem Gott zu tun haben, der andere für mich in den Tod schickt.

Die Hingabe der Völker zur Erlösung Israels ist eine theologische Deutung geschichtlicher Erfahrungen. Im Rückblick interpretierte Israel die veränderte politische Machtkonstellation, die Verlagerung des militärischen Drucks als Wirken seines Gottes. Gott kehrt um, er lässt ab vom Zorn gegen Israel, er führt heim.

Es spricht ein unglaubliches Gottvertrauen aus dieser Perspektive: Gott bewirkt alles. So wird der neue Weltherrscher, der Perserkönig Kyrus, zum Werkzeug in Gottes Händen (vgl. Jesaja 44,28; 45,1).

Auch wenn wir in diese Art von Geschichtstheologie heute nicht so einfach einstimmen können: Was jede und jeder teilen kann, ist eine andere Spur, die in Vers 4 gelegt wird. Für Gottes Handeln gibt es eine einzige wirkliche Begründung: Er liebt. Für seine Liebste gibt er alles! »Ich gebe dir mein ganzes Reich« – so sprechen Könige, Prinzen und Bauern im Märchen. Aber vorher muss eine Aufgabe erfüllt werden oder ein Rätsel gelöst, ein Ungeheuer getötet werden. Gott verlangt gar nichts. Wirklich nichts. Wir erben einfach so.

So spricht Gott: »Weil du in meinen Augen teuer und wertvoll bist und weil ich dich liebe.«

Das ist ein Satz wie das Innehalten in einem Kuss. Ein Blick in die Augen, ein Lächeln und zartes Berühren, bevor die Lippen sich neu versenken. Der Moment des Innehaltens geht über in eine neue Welle von Küssen.

Erneut spricht Gott in Vers 5 »Fürchte dich nicht!« und zeigt dann wieder vollen Einsatz: Gott ruft in alle Himmelsrichtungen, von überall her organisiert er Rettung. Die Kinder Jakobs/Israels sollen aus Ost und West kommen, alle Söhne und Töchter aus Nord und Süd. In diesen Versen verlaufen die Grenzen von *dein* und *mein* und *jeder*. Alles Leben trägt den Namen Gottes »Ich bin« in sich. Jedes Leben, jedes Sein trägt seinen Namen in sich. Und so schließt sich der Kreis des Gedichtes. Vers 7 greift über das Stichwort »Name« zurück auf Vers 1.

Jedes Leben gründet im göttlichen Ruf: Du sollst da sein! Jetzt.

Ein Impuls

Ich bin an einem stillen Ort und höre innerlich diesen Worten zu: »Weil du in meinen Augen teuer und wertvoll bist und weil ich dich liebe.«

Meine Reaktionen sind ganz unterschiedlich: ein ausatmendes leises Seufzen, ein belustigtes Kopfschütteln, …

Zum Weiterlesen

Ich will selbst aktiver sein.

Ich lese von Gottes rettender Kraft aus den Todeswassern in Psalm 18.

Ich freue mich daran, wie König David mein Leben zu gestalten: Ich habe Beistand und einen Lehrer, ich kämpfe, urteile und bin gesalbt.

Beim Lesen erfinde ich für jeden Vers eine Geste oder Körperhaltung.

Heiliges Wort
Fürchte dich nicht!

Ins Schweigen finden

Markus 4,35–41

---

35 Am Abend dieses Tages sagte er zu ihnen: Wir wollen ans andere Ufer hinüberfahren.
36 Sie schickten die Leute fort und fuhren mit ihm in dem Boot, in dem er saß, weg; und andere Boote begleiteten ihn.
37 Plötzlich erhob sich ein heftiger Wirbelsturm und die Wellen schlugen in das Boot, sodass es sich mit Wasser zu füllen begann.
38 Er aber lag hinten im Boot auf einem Kissen und schlief. Sie weckten ihn und riefen: Meister, kümmert es dich nicht, dass wir zugrunde gehen?
39 Da stand er auf, drohte dem Wind und sagte zu dem See: Schweig, sei still! Und der Wind legte sich und es trat völlige Stille ein.
40 Er sagte zu ihnen: Warum habt ihr solche Angst? Habt ihr noch keinen Glauben?
41 Da ergriff sie große Furcht und sie sagten zueinander: Wer ist denn dieser, dass ihm sogar der Wind und das Meer gehorchen?

Wie klingen
die Stimmen
der Jünger?
Welche Geräusche
macht das Boot?
Wie hört sich
völlige Stille an?

Eine Fahrt über den See Genezareth gehört zum Standardprogramm jeder Israelreise. Irgendwann auf dem See verstummen die Motoren, das Boot gleitet. Jemand liest eine der neutestamentlichen Geschichten vom Sturm auf dem See vor. Vielleicht erlebt die Gruppe Wind und Wellen, vielleicht auch ganz ruhiges Wasser. Eindrücklich schildern die Führer die abendlichen Fallwinde am See, dann geht es weiter nach Kafarnaum oder Richtung Tiberias. Meist sucht man beim Aussteigen gemeinsam nach irgendwie natürlichen Erklärungen für Wirbelwind und Stille auf dem See. Immer stellt jemand die Frage: Wieso geraten die Jünger überhaupt in so eine Situation? Die waren doch Fischer und kannten den See und seine Tücken. Wieso sind sie nicht in der Lage professionell zu handeln? Das Schiff durch den Sturm zu steuern? Was ist da los?

Einer meiner Lehrer hat uns schon im Studium einen weiteren Zugang eröffnet: Wenn bei Markus vom gegenüberliegenden, anderen Ufer gesprochen wird, dann geht es immer um den Weg in eine andere Wirklichkeit.

Sie fuhren also ans andere Ufer. Das heißt, die Jünger sind auf einer Reise, die ihnen noch andere Welten zeigt. Vermutlich waren diese Welten in der Antike nicht ganz so weit voneinander entfernt wie heute. Der Zugang öffnete sich schneller, auch literarisch. Unsere stark naturwissenschaftlich orientierte Wahrnehmung der Welt schützt uns davor, numinosen Mächten ausgeliefert zu sein. Gleichzeitig empfinden die meisten von uns in sehr feiner Weise, was uns alles an Kraft und Beziehung umgibt. Wir sind dafür mit vielen Sinnen ausgestattet. Wir sind frei in der Gestaltung, wir können unsere Wahrnehmungen ordnen, prüfen, annehmen, ignorieren oder weglegen. Wir können damit spielen, uns daran freuen und wachsen.

Markus erzählt eine mehrdeutige Geschichte: Das Boot läuft mit Wasser voll, weil Wind und Wellen übermächtig sind. Dieses Schiff bietet plötzlich keinen sicheren Ort mehr, es droht mit Wasser vollzulaufen und unterzugehen. Die ganze Szene ereignet sich auf dem See Gennesaret, im griechischen Text ganz wörtlich sogar »auf dem Meer«.

Dieses aufbrausende »Meer«, das über die Bootswand schlägt und den geschützten Raum zu verschlingen droht, lässt die ersten Zeilen der Bibel anklingen. Die Dunkelheit und Gewalt der Urflut, die Wasser, über denen der Geist Gottes schwebt. Dem Urmeer hat Gott gleich am 2. Tag der Schöpfung (vgl. Gen 1,6–10) einen Ort unter und über der Erde zugewiesen. Die Fluten sollen außen bleiben, das Leben spielt im Innenraum. Seit der Sintflut gilt das Versprechen, dass die Wasser diese Grenzen nie mehr überschreiten werden. Nie wieder soll eine Flut kommen und die Erde verderben (vgl. Genesis 8,21). Die Erde als Lebensraum mitten im Wasser wird geschützt. Genau darin liegt Gottes Schöpferkraft. Die Wasser bleiben präsent in all ihrer Kraft und Gewalt, aber außen.

In der Erzählung vom Sturm auf dem See drohen die Jünger, von ihnen verschlungen zu werden, unterzugehen und zu sterben. Die Jünger verhalten sich in dieser Notsituation eigenartig: Statt ordentlich Hand anzulegen, zu rudern, zu schöpfen, zu steuern, einfach irgendetwas zu tun, ist mitten in höchster Gefahr noch Zeit für Dialoge.

Mein Vater war ein begeisterter Segler und alle Familienmitglieder hatten auf dem Schiff ihre Aufgaben. Solange der Wind klar war, war Zeit, es wurde erzählt, in der Sonne gelegen, geschlafen und gespielt – aber wehe, der Wind wurde schärfer, ein Manöver stand an, Segel mussten eingeholt oder gesetzt werden. Wir standen alle parat. Niemand sprach. Alles hörte auf sein Kommando. So kamen wir immer sicher an, auch in überraschenden Unwettern. Und mein Vater sicherte sich mit »seiner Besatzung« in jedem Urlaub die Anerkennung der Seglerkollegen: Er hatte sein Boot im Griff, seine Familie war einsatzfähig und geschult. Wir konnten die schützenden Buchten verlassen und zurückkommen. Andere Boote waren oft ein bisschen neidisch.

Auf dem Boot der Jünger läuft es komplett anders. Mitten im Sturm schläft Jesus. Hat er wirklich nichts mitbekommen? Ist er so müde? Erkennt er die Gefahr nicht? Vertraut er vielleicht einfach sehr stark auf das Wissen, die Erfahrung und das Können seiner Jünger? Wer ist Kapitän auf diesem Schiff?

Was auch auffällt ist, dass die Jünger nicht miteinander reden. Kein Wort, erst am Ende sprechen sie gemeinsam die Frage aus: Wer ist denn dieser? Wieso nimmt Petrus die Sache nicht in die Hand, gibt ein paar Kommandos und gut ist es? Wieso braucht es alle Jünger, um Jesus zu wecken? Hält niemand das Steuer? Schöpft niemand? Haben die Jünger alles losgelassen? Wie gesagt, auf diesem Boot läuft es komisch. Es wird nicht gearbeitet, aber schließlich doch gesprochen. Allerdings sind es keine freundlichen Worte. Die Jünger schreien ihren Meister Jesus an und machen ihm Vorwürfe. Jesus droht dem Wind und dem See. Schließlich beklagt er den Unglauben seiner Jünger. Die wiederum stehen am Ende vor einem Rätsel.

Vergleicht man die szenische Abfolge in den synoptischen Evangelien miteinander (Markus 4,35–41, Matthäus 8,23–27, Lukas 8,22–25), finden sich feine Nuancen. Matthäus erzählt eine etwas andere Geschichte als Markus und Lukas.

In den Evangelien von Markus und Lukas handelt Jesus sofort: Die Jünger wecken ihn. Jesus steht auf, droht Sturm und See, dann tritt völlige Stille ein. Eine Stille so »groß«, wie zuvor der Wind »groß« war und später die Furcht »groß« sein wird. In diese Stille hinein spricht Jesus: Warum habt ihr solche Angst? (vgl. Mk 4,40)

Worauf bezieht sich diese Frage? Es ist doch offensichtlich, dass die Jünger Angst hatten während des »Unwetters«. Aber wie ist es jetzt in der völligen Stille? Haben sie da auch Angst? Noch immer – oder noch mehr? Wie erleben die Jünger eigentlich die Stille? Wäre diese Stille nicht der perfekte Moment für ein zärtliches oder auch entschiedenes: »Fürchtet euch nicht!«

Im Gegenteil. Jesus schiebt noch eine Frage hinterher, die ins Herz trifft: Habt ihr noch keinen Glauben? Oder noch wörtlicher übersetzt: Habt ihr noch kein Vertrauen? Bei Lukas verschärft sich die Frage noch zu: Wo ist euer Glaube? Wo ist euer Vertrauen?

Worauf hätten die Jünger vertrauen sollen? Auf sich und ihre eigene Kraft, auf ihr Wissen und ihre Erfahrung? Hätten sie die Fluten überstehen können, ohne dass die Ströme sie fortgerissen hätten (vgl. Jes 43,2)? Jesus wäre bei ihnen gewesen im Getöse. Er war da.

Wenn das tosende Meer auch ein Symbol für die chaotischen und dämonischen Mächte in der Welt ist, sind die Ängste der Jünger verständlich. Gleichzeitig mangelt es ihnen wirklich an Gottvertrauen. Das Reich Gottes ist da, es wächst unaufhörlich – das war das Thema der Gespräche direkt vor der Bootsfahrt bei Markus. Auch bei Lukas ging es um Vertrauen und die neue Gemeinschaft, die aus dem Hören entsteht. Heimat im Wort und sich weitende Gegenwart Gottes, intensive religiöse Gespräche und Erfahrungen kurz vor der Bootsfahrt. Hätten die Jünger nicht etwas gelassener sein können? Hätten sie im Vertrauen auf Gottes Kraft ihr Schiff nicht sicher in den Hafen bringen können, ohne Jesus zu wecken?

Jesus jedenfalls weist die Chaoswasser mit wenigen Worten in ihre Schranken zurück. Schweig, sei still! Jesus gibt das Kommando. Mit denselben Worten droht Jesus bereits in Markus 1,25 den Dämonen. Sein Wort wirkt. Die Grenzen sind wieder geklärt. Das Boot ist wieder sicher. Wind und See gehorchen sofort. Sie wissen, wer der Meister ist. Sie wissen um ihre Grenze. Man hört sie förmlich sagen: O.k., schon gut, einen Versuch war es wert. ... Tschüss dann!

Der kurze Kampf mit der Chaosflut wird mit Worten geführt. Zwei Befehle, die eigentlich einer sind: Haltet die Klappe! Es geht um das, was man hört. Um ein Geräusch. Jesus sagt nicht: Hört auf mit eurer Bewegung. Hört auf mit euren Taten. Hört auf mit eurer Bedrohung. Er sagt: Schweig!

Mich interessiert wirklich, ob die völlige Stille die Jünger beruhigte oder nicht eher noch ängstlicher machte als das Unwetter. Vor der Stille ist auf jeden Fall Tumult. Ob auf dem See bei den Jüngern im Boot oder bei unseren eigenen »Überfahrten«, unserer eigenen Suche nach innerer Ruhe. Die äußeren Fluten steigen hoch, wollen ins Innere. Aber das macht nichts. Jesus ist da. In meinem Boot ist es so sicher, dass er sogar schlafen kann. Wenn es gar nicht mehr anders geht, kann ich ihn wecken. Sein Wort bringt die Fluten zum Schweigen. Ein schöner Gedanke. Eine wunderbare Erzählung bei Markus und Lukas.

Aber ganz so schnell entlässt uns diese neutestamentliche Erzählung nicht. Es wird noch eine weitere Reaktion der Jünger erzählt. Jetzt am Ende haben sie noch mehr Angst. Sie fürchten sich mit großer Furcht – wie es wörtlich heißt. Und sie fragen sich, wer Jesus ist. Wer ist das, dem Wind und Meer gehorchen? Wer ist es, dem die Urflut gehorcht?

Ich glaube, die Jünger wissen die Antwort genau. Sie scheuen sich aber, das auszusprechen. Sie reagieren allerdings jetzt zum ersten Mal in der gesamten Geschichte adäquat. Sie sind der göttlichen Schöpfungskraft begegnet. Wie anders sollten sie antworten als mit großer Furcht. Mit Ehrfurcht. Mit Schweigen.

Der Evangelist Matthäus hat kleine Unterschiede in seiner Variante der Erzählung eingebaut. Die Jünger machen Jesus hier keinen Vorwurf, sondern bitten den Herrn um Rettung (Mt 8,25). Sie sprechen Jesus bereits in seiner Göttlichkeit an. Anders als bei Lukas und Markus handelt Jesus im Matthäusevangelium nicht sofort. Er steht noch nicht einmal auf. Die gesamte Szene ist noch eigenartiger als bei Lukas und Markus. Jesus bleibt liegen. Noch immer liegend antwortet er. Jesus scheint vollkommen entspannt. Als wäre alle Zeit der Welt im überfluteten Boot.

Die Antwort Jesu auf die Rettungsbitte lautet »Was habt ihr solche Angst, ihr Kleingläubigen?« Ist das ein Vorwurf? Ist das Mitleid? Ist das überhaupt eine echte Frage?

Jesus wartet die Reaktion der Jünger nicht ab. Vielleicht antwortet auch einfach niemand. »Dann stand er auf und drohte den Winden und dem See und es trat völlige Stille ein.« Auf diese Stille reagieren nun nicht nur die Jünger, sondern die Menschen ringsum (!) mit Verwunderung und der Frage, was das für einer sei, dass ihm Wind und Meer gehorchen. Für die Leserinnen und Leser des Evangeliums ist vollkommen klar, wem Wind und Meer gehorchen – dem einen, dem Schöpfer, dem Herrn der Welt. Als Leserin sind wir um einiges schneller im Verstehen als die Jünger. Wir können sehr schnell die verschiedenen Ebenen erkennen, wir merken von Anfang an, dass Matthäus von einer Gottesbegegnung erzählt. Zudem ereignet sich bei Matthäus auch eigentlich kein Sturm, sondern ganz wörtlich übersetzt ein Erdbeben. Religionsgeschichtlich gehören Erdbeben zu den sichtbaren Begleiterscheinungen einer Theophanie. Wenn die Erde bebt, naht Gott in seiner ganzen Kraft. Die Jünger sind in ihrem Boot also nicht nur in einen Sturm geraten, sondern ahnen wohl die Nähe Gottes. Kleingläubige nennt Jesus sie deshalb bei Matthäus. Klein ist ihr Glaube, obwohl es doch größer als Erdbeben fast nicht geht. Vermutlich sollen wir ein bisschen schmunzeln über diese Jünger und uns selbst gut vorbereiten auf unsere eigenen Schifffahrten mit Erdbeben.

Ein Impuls

Ich übe immer neu, nicht gleich in Panik zu geraten, wenn ich in Stürme gerate.

Ich stelle mir vor, dass Jesus ruhig auf einem Kissen schläft.

Hier bin auch ich sicher und kann aushalten.

Zum Weiterlesen

Wenn ich untergehe in meinen Wellen von Belastungen, von Aufgaben, Vorstellungen … tröstet mich die Erzählung von Jona. Als er schon mitten im Wasser zu ertrinken begann, schickte Gott einen Fisch.

Im Bauch des Fisches entsteht ein neuer Überlebensraum für Jona.

Heiliges Wort
Völlige Stille

Mut zum Aussteigen

Matthäus 14,22–33

---

²² Gleich darauf drängte er die Jünger, ins Boot zu steigen und an das andere Ufer vorauszufahren. Inzwischen wollte er die Leute nach Hause schicken.
²³ Nachdem er sie weggeschickt hatte, stieg er auf einen Berg, um für sich allein zu beten. Als es Abend wurde, war er allein dort.

²⁴ Das Boot aber war schon viele Stadien vom Land entfernt und wurde von den Wellen hin und her geworfen; denn sie hatten Gegenwind.
²⁵ In der vierten Nachtwache kam er zu ihnen; er ging auf dem See.
²⁶ Als ihn die Jünger über den See kommen sahen, erschraken sie, weil sie meinten, es sei ein Gespenst, und sie schrien vor Angst.
²⁷ Doch sogleich sprach Jesus zu ihnen und sagte: Habt Vertrauen, ich bin es; fürchtet euch nicht!
²⁸ Petrus erwiderte ihm und sagte: Herr, wenn du es bist, so befiehl, dass ich auf dem Wasser zu dir komme!

²⁹ Jesus sagte: Komm! Da stieg Petrus aus dem Boot und kam über das Wasser zu Jesus.
³⁰ Als er aber den heftigen Wind bemerkte, bekam er Angst. Und als er begann unterzugehen, schrie er: Herr, rette mich!
³¹ Jesus streckte sofort die Hand aus, ergriff ihn und sagte zu ihm: Du Kleingläubiger, warum hast du gezweifelt?

³² Und als sie ins Boot gestiegen waren, legte sich der Wind.

³³ Die Jünger im Boot aber fielen vor Jesus nieder und sagten: Wahrhaftig, Gottes Sohn bist du.

Was hört Jesus auf dem Berg? Welche Geräusche umgeben die Schritte des Petrus auf dem Wasser? Wie klingt das Niederfallen der Jünger im Boot?

Bevor Jesus abends allein auf dem Berg beten kann, müssen die Jünger sich von ihm trennen. Das scheint nicht so einfach zu sein. Er muss sie »drängen«, so die Einheitsübersetzung. Ganz offensichtlich gehen die Jünger nicht freiwillig. Sehr viel markanter klingt das in der Lutherübersetzung von 1984: »Er trieb sie, in das Boot zu steigen.«

Die Sehnsucht nach einem einsamen Abend auf dem Berg, das Bedürfnis nach intensivem Gebet, vielleicht auch die Notwendigkeit, um Johannes den Täufer zu trauern, der gerade ermordet worden war (vgl. Mt 14,1–12). All das ist mit den Jüngern offensichtlich schwer zu besprechen. Jesus muss den Abend für sich allein regelrecht »durchsetzen«. Er übernimmt sogar noch die Aufgabe, das Volk zu entlassen. Das machen sonst die Jünger. Es klingt ein bisschen wie »ich mach es schon, aber lasst mich bitte endlich mal einen Moment allein«.

In kürzester Zeit ist dies schon der zweite Versuch Jesu, etwas allein zu sein. Denn wenige Verse zuvor heißt es: »Er zog sich allein mit dem Boot in eine einsame Gegend zurück« (Mt 14,13). Allerdings fanden ihn die Volksscharen. Er lehrte sie, alle 5.000 Männer wurden satt und es blieben 12 Körbe übrig …

Diesmal aber gelingt es, Jesus bleibt zurück und kann den Berg besteigen. Auch wenn der See Gennesaret von Hügeln umgeben ist, einen wirklichen Berg gibt es hier nicht. Was es gibt, sind Aussichtspunkte, von denen aus man den See überblicken kann. Vielleicht berührt einen auch das

Wissen um die Berge des Libanon im Rücken und darum, den Sinai ganz weit irgendwo im Süden vor sich zu haben. Trotzdem ist es literarisch völlig korrekt, dass Jesus auf einem Berg betet. Ein Berg ist biblisch der natürliche Ort der Gottesbegegnung im Gegensatz zum von Menschen gemachten Gebetsort des Tempels. Jedes Gebet lässt uns am Sinai stehen.

Die beiden Evangelisten ergänzen sich perfekt in der Beschreibung des Gebets Jesu. Während er bei Matthäus ganz für sich ist und sich ganz hingeben kann, für diese Nacht einfach bei und in Gott ist, nimmt Jesus bei Markus auch im Gebet die Situation seiner Freunde war. Er sieht vom Berg aus den Kampf der Jünger mit dem Gegenwind. Er weiß um ihre Anstrengungen beim Rudern gegen den Wind (Mk 6,48). Beide Arten von Gebet sind nötig.

Jesus bleibt die ganze Nacht an seinem Ort. Er nimmt sich Zeit vom Abend bis zur vierten Nachtwache. Irgendwann in der vierten Nachtwache geschieht der Übergang, die Nacht endet im Tag. Es ist nicht mehr dunkel. Die Nacht ist vorbei. Der Morgen hat begonnen. Jetzt geht Jesus den Jüngern nach. Er weiß auch bei Matthäus um den Gegenwind, in dem sie die ganze Nacht verbracht haben.

Auf dem kürzesten Weg, direkt über das Meer, eilt Jesus zu den Jüngern, die zwischen den Wellen ihr Boot auf Kurs halten wollen. Sind sie völlig erschöpft nach dieser Nacht? Oder gewinnen sie gerade neue Kraft, weil es Tag geworden ist?

Jesus und die Jünger haben die Nacht sehr unterschiedlich erlebt. Ein starker Kontrast war das. Und sehr unterschiedlich ist auch der Morgen: Die Besatzung müht sich durch die Wellenberge. Jesus geht einfach auf dem See. Erstaunlich ist nicht nur, dass Jesus auf dem Wasser gehen kann, ebenso erstaunlich ist, dass die Wellen ihn nicht umwerfen. Wir lesen von zwei völlig verschiedenen Arten, den Chaosmächten zu begegnen. Die Jünger steuern mit allen Kräften gegen den Wind, gegen die Wellen, gegen all das, was ein sanftes Gleiten des Bootes verhindert. Jesus aber schreitet oben auf dem Wasser. Er benützt die Wasser als Weg, die Wellen dienen ihm, er lässt sich tragen.

Diese Bilder führen tief in die biblische Tradition hinein. Jesus schreitet wie Gott selbst »auf den Höhen des Meers« (vgl. Ijob 9,8; Ps 77,20). Bei Markus will er vorüberziehen – wie Gott vorüberzieht (Ex 33,19.22; 34,5f.; 1 Kön 19,11). Die Pointe ist auf keinen Fall, dass er an den sich abmühenden Jüngern vorbeigehen will, dass er nicht zu ihnen und bei ihnen sein will, dass er sie überholen will, um als erster am Ufer zu sein. Nein, er will vorüberziehen, das meint, er will da sein mit göttlicher Kraft, mit göttlichem Wind, in seinem göttlichen Angesicht.

Jesus offenbart sich in seiner Göttlichkeit. Dass die Jünger erschrecken, ist natürlich, dass sie nicht erkennen, dass Jesus Gott ist, zeigt, dass sie noch auf dem Weg sind. Sie stecken noch im Kampf mit den Wellen fest.

Jesus fängt sofort (!) an, mit ihnen zu sprechen. Diese Worte Jesu sind eine einzige Offenbarung göttlicher Zuwendung. Es gibt keinerlei Kritik an den Jüngern. Die meisten deutschen Übersetzungen interpretieren den ersten Satz als »Habt Vertrauen!« Wörtlich sagt Jesus: »Seid mutig!« Mut haben bedeutet, Entscheidungen treffen zu können, sich einer gefährlichen Situation aussetzen, die Unsicherheit darin auszuhalten, sich von den eigenen inneren Werten motivieren zu lassen, auf ein Ziel zuzugehen,...

Als Zweites hören die Jünger aus dem Mund Jesu die Offenbarungsformel: »Ich bin es«. Das erinnert die Leserinnen und Leser natürlich sofort an die Offenbarung des Gottesnamens am brennenden Dornbusch (Ex 3,14): »Ich bin der/die/das, ich bin.« Immer wieder nimmt Gott alttestamentlich voll Leidenschaft mit genau diesen Worten Kontakt zu Menschen auf. »Ich bin es, ich .... (Jes 43,10.11.12.13; 44,6; 45,5 u.ö.). Gott kommt zu uns, wie ein behutsamer Gast in einen Raum kommt. Nicht erschrecken, ich bin es! Mit diesen Worten betreten wir ein Zimmer, in dem wir Menschen vermuten, deren Konzentration auf etwas anderes gerichtet ist. Wir wollen sie nicht erschrecken, deshalb sagen wir: Ich bin es! Und wenn wir jemand erschreckt haben, sagen wir häufig zur Beruhigung: »Ich bin es doch nur«.

Auch der dritte Satz aus dem Mund Jesu wiederholt eines der biblischen Grundworte: Fürchtet euch nicht!

Diese drei Sätze Jesu eröffnen mitten in den Wellen einen größeren Raum. Die Zeit steht für einen Moment still: »Hab Mut, ich bin es, fürchte dich nicht!« Das erlöst die Jünger aus ihrem Schreien. Etwas Neues kann beginnen. Sie hören auf zu rudern, obwohl der Wind sich erst später legen wird.

Dann ergreift Petrus die Initiative. »Wenn du es bist, befiehl, dass ich komme.« Und Jesus sagt: »Komm!« Petrus steigt aus.

Vor einigen Jahren besuchte ich mit meiner Schwester ein Wellenbad. Ich stand mitten in den Wellen, meine Schwester mit meinem damals vielleicht dreijährigen Neffen am erhöhten Beckenrand. Er winkte mir zu, ich winkte zurück, da sprang er ins Wasser. Er ließ sich einfach fallen. Natürlich konnte ich ihn fangen. Aber bis heute berührt mich dieses unglaubliche Vertrauen. Er war einfach ganz sicher, dass das geht. Wo ich bin, konnte auch er sein.

Im Blick auf Jesus trägt das Wasser. Petrus ist sicher. Wie die Wellen Jesus tragen, so trägt das Meer. All das Unbewusste, das Unterirdische, das scheinbar Chaotische und Bedrohliche wird zum Boden, auf dem Petrus jetzt stehen kann. Dass Petrus diese paar Schritte gelingen, gibt Hoffnung. Was Petrus schaffen kann, kann ich selbst auch wagen. Aussteigen aus dem Kampf gegen die Wellen, dafür über die Wasser und durch die Wasser schreiten lernen.

Es sind wenige Augenblicke. Dann verlässt Petrus die Konzentration auf Jesus. Er nimmt den Wind wieder wahr, er bekommt Angst, er geht unter.

Als Petrus um Hilfe ruft, streckt Jesus sofort die Hand aus und beide steigen gemeinsam ins Boot. Erst auf sicherem Boden muss sich Petrus mit der Frage konfrontieren lassen, wieso er so wenig Vertrauen hatte und warum er zweifelte. Beides gehört zum Menschen: Die Fähigkeit, über das Wasser zu laufen, und gleichzeitig die Angst. Bis zum Ende erhält das Matthäusevangelium diese Spannung zwischen Vertrauen auf die Zusage »Ich bin bei euch« und dem Zweifel (vgl. Mt 28,16–20) an der Kraft und Präsenz Gottes aufrecht. Anders geht es wohl nicht. Anders wäre es nicht realistisch.

Die Erzählung vom Gang Jesu auf dem Wasser endet in Matthäus 14,33 mit einem Bekenntnis der Jünger.
Sie fallen nieder vor Jesus.
Sie erkennen, wer er ist.
Sie beten ihn an.
Sie liegen auf den Holzbalken.
Das Meer ist jetzt ruhig.
Sie werden getragen und vielleicht wiegt der See leise das Boot.

Ein Impuls

Ich liebe es, mich tragen zu lassen auf einem Boot, einer Luftmatratze oder einfach so auf dem Wasser. Es gibt viele Orte, die einem diese Sicherheit geben können. Auch das eigene Bett, der Boden in einem Meditationsraum, ein Stück Wiese im Garten oder Park. Ich spüre, wie mein Körper getragen ist.

Zum Weiterlesen

Die Mutter aller Geschichten vom »Durchzug durch das Wasser« ist die Erzählung des Exodus. Das ist der erste und grundsätzliche Weg in die Freiheit.

Beim Lesen von Ex 14,13–28 halte ich bei Vers 22 inne und lasse meiner Phantasie freien Lauf: Was ist da alles rund um mich zu sehen? Welche Geräusche begleiten diesen Weg?

Heiliges Wort
Ich bin es.

Schritt für Schritt

Da muss ich hin!
Pause machen ...
Was willst du hier?

Da muss ich hin!

Exodus 2,23 – 3,4

2,23 Nach vielen Jahren starb der König von Ägypten. Die Israeliten stöhnten noch unter der Sklavenarbeit; sie klagten und ihr Hilferuf stieg aus ihrem Sklavendasein zu Gott empor.
24 Gott hörte ihr Stöhnen und Gott gedachte seines Bundes mit Abraham, Isaak und Jakob.
25 Gott blickte auf die Israeliten. Gott hatte es wahrgenommen.

3,1 Mose weidete die Schafe und Ziegen seines Schwiegervaters Jitro, des Priesters von Midian.
Eines Tages trieb er das Vieh über die Steppe hinaus und kam zum Gottesberg Horeb.

2 Dort erschien ihm der Engel des HERRN in einer Feuerflamme mitten aus dem Dornbusch. Er schaute hin: Der Dornbusch brannte im Feuer, aber der Dornbusch wurde nicht verzehrt.

³ Mose sagte: Ich will dorthin gehen und mir die außergewöhnliche Erscheinung ansehen. Warum verbrennt denn der Dornbusch nicht?

⁴ Als der HERR sah, dass Mose näher kam, um sich das anzusehen, rief Gott ihm mitten aus dem Dornbusch zu: Mose, Mose! Er antwortete: Hier bin ich.

Wie hört sich das Stöhnen des Volkes an?
Welche Geräusche machen die Schafe und Ziegen des Schwiegervaters?
Wie klingt der brennende Dornbusch?

Meist nimmt man die Erzählung von der Berufung des Mose wie ein Ereignis wahr, das kurz nach seiner Flucht aus Ägypten geschieht. Die biblische Erzählung verkürzt literarisch die Zeit. Beim Lesen folgt eins ins andere.

So stringent lesen sich Biografien meist erst im Rückblick: Mose wurde im Binsenkästchen gerettet und lebte viele Jahre in der Obhut der Pharaonentochter am Hof. Er weiß um seine Herkunft aus und seine Zugehörigkeit zu dem Volk Israel, deshalb erschlägt er aus Solidarität einen gewalttätigen Ägypter. Dieser Mord und die drohende Rechtsfolge der Todesstrafe motivieren ihn zu seiner Flucht nach Midian. An einem Brunnen unterstützt er die Töchter Jitros beim Tränken ihrer Herde. Er wird daraufhin ins Haus ihres Vaters eingeladen und heiratet Zippora, eine der Töchter des Priesters Jitro. Mit Zippora hat Mose zwei Söhne, denen er sehr sprechende Namen gibt. Der erste heißt *Gerschom*. Damit benennt Mose sehr deutlich seine Situation: »Gast bin ich im fremden Land«. Der zweite Sohn trägt den Namen Eliëser und der biografische Bezug geht damit noch etwas weiter in die Vergangenheit zurück: »Der Gott meines Vaters hat mir geholfen und hat mich vor dem Schwert des Pharao gerettet.« (vgl. Ex 18,4)

Diese Söhne rufen in Mose mit jeder Nennung ihres Namens die Erinnerung an sein Volk in Ägypten auf. Ja, diese Söhne erinnern durch ihre einfache Präsenz daran, dass Mose in der Fremde ist, dass sein Volk in Ägypten versklavt ist und er selbst vom Tod bedroht, sobald er zu ihnen möchte. Verhindern diese Namen für alle in Midian, dass Mose wirklich heimisch wird? Dienen sie dazu, nicht zu vergessen?

Wie hat Zippora ihren Mann erlebt? Wie sehr konnte er sich auf sie einlassen? Haben sie eine gemeinsame Vision für die kommenden Jahre? Oder ist das ein Leben von Tag zu Tag?

Von außen scheint auf jeden Fall alles ruhig und sicher. In kürzester Zeit hat Mose ein normales Leben in der Fremde begonnen, das dauerhaft Bestand haben könnte. Mose weidet die Schafe und Ziegen seines Schwiegervaters. Es gibt keine Probleme. Die Herden sind groß. Zippora ist fruchtbar und beide sind mit Kindern gesegnet. Von Konflikten wird nichts erzählt. Eine Idylle in Midian?

Die biblische Erzählung schiebt nach der Geburt des ersten Sohnes Gerschom (Ex 2,22) und vor der sogenannten »Berufung des Mose« in Ex 3,1–4,17 drei Verse ein, die den Blick von Midian weg und westwärts nach Ägypten lenken. In knapper Form wird davon erzählt, dass neue Bewegung in die ganze Situation kommen wird:

Zuerst kommt in Vers 23 das Volk und seine Situation in den Blick: Es sind viele Jahre vergangen. Der Pharao, der Mose verfolgte, ist gestorben. An der Versklavung hat sich nichts verändert, das Volk schreit zu Gott um Hilfe.

Dann schenkt der Erzähler uns Leserinnen und Leser einen Einblick in Gottes Erleben (V. 24). Auf die Situation des Volkes reagiert Gott in vierfacher Weise:

1) Gott hört ihr Stöhnen.
2) Gott erinnert sich an den Bund mit den Vätern.
3) Gott schaut Israel an.
4) Gott kennt.

Diese kurze Satzreihe mit ihren besonderen Verben zeigt eine reiche innere Welt Gottes, er lässt sich intensiv auf diese Beziehung ein. Zuhören, sich an die gemeinsame Geschichte erinnern, einander ansehen und intensiv wahrnehmen. So gelingt Kommunikation, ob zwischen Menschen oder zwischen Mensch und Gott. Man könnte etwas frech sagen, Gott ist mit allen Sinnen präsent. Oder: Gott betet.

Der vierte Satzteil dieser Reihe besteht nur aus einem einzigen Verb »kennen« und dem Subjekt »Gott«. Von daher bleibt sprachlich offen, welches Objekt genau Gott hier »innig kennt, erkennt oder wahrnimmt«. Die Einheitsübersetzung hat sich entschieden, grammatikalisch als Objekt auf das Stöhnen des Volkes zu verweisen: »Gott hatte *es* wahrgenommen.«

Schon die antike griechische Übersetzung bemerkte diese Offenheit im Text, deutete dann aber in eine andere Richtung: »Er ließ sich *von ihnen* erkennen.« Beide Möglichkeiten sind im hebräischen Text angelegt und hörbar. (Das Personalpronomen »*von ihnen*« und der Begriff für Gott »*elohim*« haben im Hebräischen dieselben Konsonanten, es ist nur eine Frage der Vokalisation, ob man »von ihnen« oder »Gott« liest.) Vielleicht also ein durchaus absichtliches

Sprachspiel im Hebräischen, das eben nur in Übersetzungen zu Entscheidungen zwingt.

Die innige Beziehung, in die Gott und Volk hier eintreten, muss ein wechselseitiges Erleben sein. Ich erkenne dich, du erkennst mich. Sich für jemanden öffnen und so intim gesehen werden, geht nur, wenn zwei sich einander zeigen. Ein wechselweises Schwingen von Emotion, Erkennen, Wissen und Verstehen ereignet sich. Wir sind als Menschen dafür gut ausgestattet. Ja, vermutlich können wir nur so überleben. Wir »wissen« und »erkennen« und »sehen« immer mehr voneinander, als wir in einem Moment zur Sprache bringen können. Wir sind vernetzt und verbunden von Herz zu Herz. In besonderen Momenten werden uns diese geteilten Schätze bewusst, die unabhängig von Sprache da sind. Wir erkennen uns als Schwestern und Brüder, als Seelenverwandte, wir lieben einander.

Als Leserinnen und Leser des Buches Exodus werden wir mit diesem kurzen Seitenblick in die Beziehung zwischen Gott und seinem Volk darauf aufmerksam gemacht, dass sich da etwas Großes anbahnt. Der Weg zur Befreiung öffnet sich.

Es fängt dann aber im nächsten Vers zunächst nochmal ganz banal an: Mose weidet die Schafe und Ziegen seines Schwiegervaters Jitro, des Priesters von Midian. Er weiß nichts vom Tod des Pharao. Er weiß nicht, dass Gott hört, sich erinnert, schaut und wahrnimmt. Mose ist ganz in seiner Routine. Er weidet die Schafe und Ziegen. Eines Tages treibt Mose die Herde über die Steppe hinaus zum Gottesberg Horeb. Kennt Mose den Weg zum Gottesberg? Ist das ein bewusster Weg? Ein Pilgerweg, eine Wallfahrt, ein religiös motivierter Plan?

In einer einfachen Interpretation könnte »über die Steppe hinaus« zum Beispiel meinen, über das Kulturland hinaus in die Bergregionen zu gehen. So ein Weidewechsel aufgrund von Witterung oder Jahreszeit gehört zur Aufgabe eines guten Hirten. Auch wenn man übersetzt »über die Wüste hinaus« oder »hinter die Wüste«, bleibt es dabei: Mose wechselt mit seiner Herde die Weide.

Gleichzeitig sind diese Worte doppeldeutig. Mose geht über das Normale hinaus. Erzählerisch wird mit diesem Vers die folgende Gottesbegegnung vorbereitet. Man könnte sagen, Mose bewegt sich in eine andere Ebene von Wahrnehmung. Er nähert sich dem Gottesberg, er macht eine Reise in die andere Welt.

Mich fasziniert an diesen Versen vor allem ihre Langsamkeit. Es heißt eben nicht: Mose entschloss sich zum Gottesberg zu gehen und kam dort an. Nein: Er treibt die Herde, das bedeutet, er bleibt seiner Aufgabe treu und lässt sich vom Tempo der Herde bestimmen. Er entfernt sich nicht, er entzieht sich nicht seinem Alltag, sondern genau darin geht er einen langsamen Weg. Vor kurzem konnte ich eine Woche Exerzitien rund um die Kathedrale von Chartres erleben. Der Führer schlug vor: »Am ersten Tag schauen wir außen. Am nächsten die Unterkirche und dann steigen wir langsam ein, hinein in diese Kathedrale, öffnen uns diesem Raum und er wird sich für uns öffnen.« Mich irritierte das zunächst. Ich war neugierig und wollte schnell wenigstens einen kurzen Blick in diese berühmte Kathedrale werfen. Ich konnte es einfach kaum abwarten. Ich trat durch das Königsportal und merkte, dass mich die vielen Eindrücke schier überwältigten. Ich war noch nicht bereit und verließ die Kathedrale sofort wieder. Gemeinsam mit der Gruppe folgte ich dann doch dem langsamen Weg und wurde dadurch reich beschenkt.

Als Mose am Gottesberg ankommt, ist schon jemand da, der ihn erwartet. Sofort erscheint ihm ein Bote Gottes. Dieser Bote bietet ein faszinierendes Schauspiel und Mose ist Feuer und Flamme. »Da muss ich hin!« – so übersetzt die Bibel in gerechter Sprache und bringt damit wunderbar die unglaubliche Anziehung zum Ausdruck, die der Dornbusch für Mose hat. Jetzt gab es kein langsames Wandern mehr. Jetzt war das Ziel direkt vor ihm und er wollte einfach nur noch hin. Gott hat für ihn das Ziel so attraktiv gemacht, dass Mose extrem neugierig ist. Er will erforschen, was das ist.

Wie ein Kind rennt er auf den Dornbusch zu – so stelle ich mir die Szene vor.

Da ruft Gott zweimal seinen Namen. Und Mose antwortet: Hier bin ich.

Das einfachste und zugleich wohl schwierigste, was ein Mensch sagen kann: Hier bin ich.

Ein Impuls

In meiner Freizeit reite ich viel in der Natur. Meistens habe ich einen Plan, wo ich ankommen möchte. Manchmal lasse ich mich von meiner Intuition leiten oder mein Pferd entscheiden. Rechts, links, geradeaus – wie es kommt oder wo es mich »hinzieht«. Angekommen sind wir bisher immer an interessanten Orten. Das kann auch spannend sein beim Joggen, beim Straßenbahnfahren, …

Zum Weiterlesen

Wenn Gott den eigenen Namen ruft, ist biblisch die richtige Antwort immer »Hier bin ich.« So lernt es der junge Samuel (1 Sam 3,1–18), so antworten Jakob (Gen 31,11; 46,2) und Jesaja (Jes 6,8) und auch Hananias weiß um diese Antwort (Apg 9,10).

Es lässt schmunzeln, dass Mose in der griechischen Septuaginta (Ex 3,4) als Antwort in den Mund gelegt wird: »Was ist?« (kommt nicht in der EÜ vor) und Paulus in seiner Bekehrung auf den Ruf seines Namens mit einer Gegenfrage reagiert: »Wer bist du, Herr?« (Apg 9,5)

Heiliges Wort
Hier bin ich.

Pause machen ...

Exodus 15,22–27

---

²² Mose ließ Israel vom Roten Meer aufbrechen und sie zogen zur Wüste Schur weiter. Drei Tage waren sie in der Wüste unterwegs und fanden kein Wasser.
²³ Als sie nach Mara kamen, konnten sie das Wasser von Mara nicht trinken, weil es bitter war. Deshalb nannte man es Mara. ²⁴ Da murrte das Volk gegen Mose und sagte: Was sollen wir trinken?
²⁵ Er schrie zum HERRN und der HERR zeigte ihm ein Stück Holz. Als er es ins Wasser warf, wurde das Wasser süß. Dort gab er dem Volk Gesetz und Rechtsentscheide und dort stellte er es auf die Probe. ²⁶ Er sagte: Wenn du auf die Stimme des HERRN, deines Gottes, hörst und tust, was in seinen Augen recht ist, wenn du seinen Geboten gehorchst und auf alle seine Gesetze achtest, werde ich dir keine der Krankheiten schicken, die ich den Ägyptern geschickt habe. Denn ich bin der HERR, dein Arzt.

²⁷ Dann kamen sie nach Elim. Dort gab es zwölf Quellen und siebzig Palmen; dort am Wasser schlugen sie ihr Lager auf.

Wie klingen
die Schritte in
der Wüste?
Welche Geräusche
entstehen beim
Trinken von bitte-
rem oder süßem
Wasser?
Was hört man in
Elim?

Kaum sind die Trommelklänge und Lieder von Mirjam und den Frauen am Schilfmeer verklungen, lässt Mose das Volk aufbrechen. Sie haben die Flucht mit Gottes Hilfe geschafft. Die Verfolger können sie nicht mehr erreichen. Sie sind sicher.

Wieviel Pause hatten sie? Vermutlich ist das Ufer des Schilfmeers kein behaglicher Ort. Auch wenn es für Israel gut ausging, jeder Blick aufs Wasser bringt die Angst zurück.

Der Weg zum Sinai führt nun nach der biblischen Erzählung zunächst in die Wüste Schur. Drei Tage ziehen die Frauen, Männer, Kinder, das Vieh und alle die anderen Leute, die mitzogen (Ex 12,38), durch die Wüste, ohne frisches Wasser aufnehmen zu können. Das ist lebensbedrohlich und der Durst lässt den Gang unsicher werden. Endlich in Mara angekommen, ist das Wasser dort ungenießbar. Das Volk murrt, Mose schreit zu Gott. Und dann heißt es, dass Gott Mose *lehrte*, das Wasser trinkbar zu machen (vgl. Ex 15,25 hier übersetzt als »zeigte«). Mose wurde »gelehrt«, das ist genau das Wort für Tora, die Lehre, die Weisung, die Lebensregeln der Schrift. Die Erzählung hat einen doppelten Boden. Gott *lehrt* Mose, wie er das Wasser trinkbar macht, wie man überleben kann. Gleichzeitig *lehrt* Gott Mose, indem er ihm die Tora gibt, die Texte, die das gute Leben für alle sichern.

So wird auch der eigentümlich irritierende nächste Satz verständlich: Gott gab dem Volk Gesetz und Rechtsentscheide und: Gott stellte es auf die Probe.

Lange vor der Ankunft am Sinai gibt es schon Regeln in der Beziehung zwischen Gott und seinem Volk. Und es gibt Prüfungen: Hält mein Gegenüber, was er mir versprochen hat? Tragen unsere Vereinbarungen? Wie viel Vertrauen kann ich geben? In jeder Beziehung wechseln Phasen von vollkommener Übereinstimmung und harmonischem Ineinanderfließen von Handeln und Fühlen, Wertschätzung und Vertrauen mit Phasen, die schwieriger sind, nicht so selbstverständlich, die Fragen aufkommen lassen ... Jetzt braucht es Mut, Geduld und Respekt füreinander und für sich selbst.

Die biblische Vorstellung, dass Gott uns auf die Probe stellt, ist nicht angenehm. Wenn es gelingt, die Prüfung durch Gott nicht als willkürliches Spiel mit den Menschen oder gar als sadistische Neigung Gottes zu interpretieren, kann darin aber eine andere Dimension zum Tragen kommen. Prüfungen dienen der Stärkung der Beziehung und Bindung. Sind sie überstanden, stärken sie das Vertrauen. Vertraut das Volk darauf, dass Gott sie aus Ägypten wirklich rettet, nicht nur am Schilfmeer, sondern bis ins versprochene neue Land? Offensichtlich lassen drei Tage Durst und Lebensangst die Hoffnung schwinden.

Sobald das Volk murrt und Mose schreit, schenkt Gott Hilfe zur Selbsthilfe. Mose wird gelehrt, welches Mittel das Wasser reinigt. Das Volk erhält die ersten Formen der Heiligen Schrift als Überlebensmittel. Gott verspricht: Ich bin dein Arzt. Selbst dann, wenn du den »ägyptischen Krankheiten« verfällst. Diese Zusage steht.

So endet die erste Station der Wüstenwanderung in Mara mit der erneuten Erfahrung, dass es gut ausgeht. Erste Regeln für das Leben sind gesetzt und Gottes Zusage heilvoller Begegnung wird dem ganzen anwesenden Volk zugesprochen. Alle können gestärkt weiter gehen.

Bevor das nächste grundlegende Problem der Wüstenwanderung aktuell wird, die Frage nach der Ernährung (vgl. Ex 16), kommt das Volk nach Elim. Ein Ort wie der Himmel. Hier ist Zeit für eine Pause.

»Dann kamen sie nach Elim.
Dort gab es 12 Quellen und siebzig Palmen;
dort am Wasser schlugen sie ihr Lager auf.« Ex 15,27

In Elim Pause zu machen, löst für den Moment alle Probleme. Es gibt Wasser, Nahrung und einen sicheren Raum zum Bleiben. Das ist genau das, was Flüchtende brauchen. Für ihre körperliche Erholung als einen sicheren Ort mit Zugang zu Wasser und Lebensmitteln. Für ihre seelische Erholung einen Ort, an dem sie sich erinnern können an das, was war. Wo sie erzählen dürfen von den schrecklichen Erlebnissen vor und während der Flucht. Wo sie auch erzählen dürfen von der Schönheit der alten »Heimat« und der Geborgenheit, die es dort auch gab. Gleichzeitig bedürfen Menschen in solchen Situationen Unterstützung, um Hoffnung zu schöpfen und ihre Zukunft zu gestalten. Das alles bietet die Oase Elim.

Aber in Elim Pause zu machen, sagt noch mehr aus. Hier wird literarisch ein wahrhaft symbolischer Kraftort entwickelt. Sowohl die Quellen, als auch die Palmen und vor allem die Zahlen zwölf und siebzig lassen vermuten, dass hier ein symbolischer Ort beschrieben wird. Ein Ort, dessen Qualität man heute wohl am besten mit dem vergleichen kann, was man in der therapeutischen oder seelsorgerlichen Arbeit als »sicheren Ort« bezeichnet.

Ob nach traumatischen Erfahrungen oder auch einfach in schweren Zeiten, in Krankheit, bei Todesfällen, in warum auch immer bedrängenden Stresssituationen, … Es hat sich als sehr hilfreich erwiesen, sich selbst zumindest in der eigenen Vorstellung an einen »sicheren Ort« zu begeben. Nicht immer gibt es real solche Orte. Deshalb gibt es unterschiedliche Methoden, sich ein der Phantasie einen solchen einen Ort vorzustellen und sich wie in einer inneren Reise dorthin zu begeben.

Eine Bekannte ließ sich nach dem plötzlichen Tod ihres Mannes eine Hängematte ins Wohnzimmer hängen. Darin konnte sie weinen, sich verbergen, sich tragen lassen und schaukeln, schlafen, zwischen Himmel und Erde sein. Erst Monate später fing sie wieder an, ihr Bett und ihre Couch zu benutzen. Die Hängematte blieb.

Von so einem realen oder imaginierten sicheren Ort aus erhalten viele Menschen die Kraft, ihre aktuelle Realität auszuhalten und wieder mit Mut die nächsten Schritte ins Leben zu gehen.

Vor einigen Jahren wurde Elim zu meinem biblischen Lieblingsort. Auf einer Konferenz mit 80 Teilnehmer/innen leitete Peter Pitzle, ein amerikanischer Therapeut und Begründer der Methode des Bibliolog, uns in unserer Vorstellung nach Elim. Wir identifizierten uns mit Frauen, Männern und Kindern des Volkes Israel. Wir kamen in Elim an und sprachen dort über unser Erleben, unsere Wahrnehmungen, unsere Hoffnung und Träume.

Der biblische Ort Elim besteht im Grunde nur aus symbolischen Inhalten. Mit der Zahl zwölf verbinden bibelfeste Leserinnen und Leser sofort die Zahl der zwölf Söhne Jakobs. Das sind die großen Ahnen. Gemeinsam mit ihren Frauen und Kindern entwickeln sich diese Familien in Ägypten zu einem großen Volk. Genau diese Familien und ihre Nachkommen sind nun in der Hoffnung auf einen neuen Anfang in der Wüste. Die Zwölferzahl verbindet mit den eigenen Wurzeln, der eigenen Herkunft und löst damit ein Gefühl von Tradition, Stabilität und Sicherheit aus. Die Symbolik der Zwölferzahl ist so stark, dass sie in Anklang an diese zwölf Väter der zwölf Stämme Israels lange weiter wirkt. Jesus beruft als neues Israel symbolisch zwölf Jünger. In jedem Kirchenbau sind diese zwölf Säulen irgendwie markiert. Bis in die Einteilung der Stunden des Tages begleitet uns die Zwölf.

In Elim gibt es genau zwölf Quellen. Das Wasser in dieser Oase sprudelt von selbst in einer perfekten Menge. Quellen spenden Leben und Kraft, sie sind nicht wie Brunnen von Menschenhand gemacht, sondern von Gott in die Schöpfung gesetzt. Gott hat Elim gebaut.

Neben Wasser gehören zu einer Oase Palmen. Wieder eine symbolische Zahl: In Elim stehen genau siebzig Palmen. Das ist exakt die Anzahl von Personen, die nach Gen 46,27 vom Haus Jakobs nach Ägypten kamen. Sie konnten in Ägypten dank der Vorräte Josefs überleben und sich vermehren. Die siebzig Palmen stehen für die Ahnen des gerade ankommenden Volkes, für seine Geschichte und Herkunft. Ähnlich wie die Zwölfzahl ist die Siebzig eine Erinnerung an die Ganzheit der Gemeinschaft. Wenn in Elim siebzig Palmen stehen, sind alle da. Die Gemeinschaft ist komplett. Niemand fehlt. Auf diese Siebzig bauen die andern auf.

Später wird Mose (Num 11,16) genau siebzig Älteste auswählen und Jesus (Lk 10,1) siebzig Jünger aussenden, um die Einheit des Gottesvolkes zu zeigen. Wenn die siebzig Säulen da sind, können alle andern auch sicher sein.

Ist man nur annähernd mit der biblischen Sprache vertraut, denkt man bei »Lagern am Wasser« unwillkürlich an Psalm 23,2–3: »Er lässt mich lagern auf grünen Auen und führt mich zum Ruheplatz am Wasser. Meine Lebenskraft bringt er zurück.« Die Pause in Elim ist eine Pause in Gottesnähe und in Sicherheit.

Die jüdische Tradition spricht immer wieder davon, dass sich jede Generation und jeder und jede einzelne immer neu in die Erzählung vom Auszug vertiefen soll. Alle sollen sich immer neu selbst als aus »Ägypten« gerettet erleben: »Du bist selbst ausgezogen!« »Du stehst selbst am Sinai!« – und wenn das so ist, dann gilt auch heute: »Du darfst Pause machen in Elim.«

Wie sieht es dort genau aus? Wie riecht es? Wie ist die Temperatur? Ist Wind zu spüren? Was hört man? Wo möchte ich mich niederlassen? Wer ist noch da?

Wie wohltuend eine Auszeit in Elim auch sein mag. Der Weg ist noch nicht zu Ende und es gilt aufzubrechen und diese Oase auch wieder zu verlassen. Das Volk hat noch viele Jahre in der Wüste vor sich. Die Erfahrungen und Erinnerungen an Elim werden sie mitnehmen.

Ein Impuls

Ich mache heute Pause in Elim und achte darauf, was ich dort erlebe.

Ob ich dafür real einen bestimmten Ort aufsuche oder von der Couch aus gedanklich Elim betrete, ist dabei egal. Wichtig ist, aufmerksam zu sein.

Zum Weiterlesen

Elim ist auch wie ein Vorverweis auf den Tempel. Altorientalische Tempel sind wie Nachbauten des Paradieses. Sie wollen Orte der Sicherheit in der Welt sein.

Deshalb wird der Tempel in Jerusalem mit Palmen verziert (z.B. 1 Kön 6,32), deshalb tragen Säulen häufig Kapitelle mit Blattornamenten, deshalb fühlt man sich in einem Kreuzrippengewölbe so geborgen.

Eindrucksvoll schildert Ezechiel die paradiesischen Wirkungen des Tempels in einer Vision (Ez 47,1–12; vgl. auch Offb 7,16–17).

Heiliges Wort
Sie kamen nach Elim.

Was willst du hier?

1 Könige 19,8–15

---

⁸ Da stand er auf, aß und trank und wanderte, durch diese Speise gestärkt, vierzig Tage und vierzig Nächte bis zum Gottesberg Horeb.

⁹ Dort ging er in eine Höhle, um darin zu übernachten. Doch das Wort des HERRN erging an ihn: Was willst du hier, Elija?

¹⁰ Er sagte: Mit leidenschaftlichem Eifer bin ich für den HERRN, den Gott der Heerscharen, eingetreten, weil die Israeliten deinen Bund verlassen, deine Altäre zerstört und deine Propheten mit dem Schwert getötet haben. Ich allein bin übrig geblieben und nun trachten sie auch mir nach dem Leben.

¹¹ Der HERR antwortete: Komm heraus und stell dich auf den Berg vor den HERRN! Da zog der *HERR* vorüber: Ein starker, heftiger Sturm, der die Berge zerriss und die Felsen zerbrach, ging dem HERRN voraus. Doch der HERR war nicht im Sturm. Nach dem Sturm kam ein Erdbeben. Doch der HERR war nicht im Erdbeben.

¹² Nach dem Beben kam ein Feuer. Doch der HERR war nicht im Feuer. Nach dem Feuer kam ein sanftes, leises Säuseln.

¹³ Als Elija es hörte, hüllte er sein Gesicht in den Mantel, trat hinaus und stellte sich an den Eingang der Höhle.

¹⁴ Da vernahm er eine Stimme, die ihm zurief: Was willst du hier, Elija? Er antwortete: Mit Leidenschaft bin ich für den HERRN, den Gott der Heerscharen, eingetreten, weil die Israeliten deinen Bund verlassen, deine Altäre zerstört und deine Propheten mit dem Schwert getötet haben. Ich allein bin übrig geblieben und nun trachten sie auch mir nach dem Leben.

¹⁵ Der HERR antwortete ihm: Geh deinen Weg durch die Wüste zurück und begib dich nach Damaskus!

Was hört Elija
in der Höhle?
Welche Geräusche
macht der Mantel?
Welchen Ton
hat: »Geh deinen
Weg durch die
Wüste zurück«?

Die Erzählung von Elija am Gottesberg ist überaus bekannt. Wer träumt nicht davon, Gottes Stimme als sanftes, leises Säuseln zu hören? Das »stille, sanfte Sausen (Luther), das »verschwebende Schweigen« (Martin Buber), den »Ton eines leisen Wehens« (Elberfelder Übersetzung), oder »das Flüstern eines sanften Windhauchs« (Zürcher Bibel). All das sind Übersetzungsversuche für den leisen und berührenden Klang Gottes. Die Übersetzungen sind so unterschiedlich, weil die hebräischen Worte ganz verschiedene Bedeutungsnuancen haben. Auf jeden Fall hört Elija eine Stimme, die dann qualifiziert wird: als »feiner Windhauch« oder »dünnes Schweigen«, oder »zerbrechendes Säuseln«. Vermutlich liegt die Pointe genau darin, dass es eine Stimme ist, die eben anders ist als die Gottesstimme, die Elija bisher hören konnte. Gott bleibt wahrnehmbar für ihn, wenn auch in einer anderen Weise als bisher.

Als wahrer Prophet hatte Elija Gottes Stimme als Sprache wahrgenommen. Gott sprach Worte, die er ausführen und auch weitersagen konnte. Auch noch kurz bevor Elija mit dieser so anderen und feinen Gottesstimme in Kontakt kommt, versteht er in seiner Höhle die normalen Worte Gottes sehr klar. Zwei Sätze sagt Gott zu ihm: »Was willst du hier, Elija?« Und: »Komm heraus und stell dich vor mich.«

Bevor es soweit ist, erlebt Elija zunächst geschützt in der Höhle Sturm, Erdbeben und Feuer. Diese gewaltigen Naturphänomene sind klassische Elemente einer antiken Gotteserscheinung. Sie begleiten häufig alleine oder zusammen das Erscheinen einer Gottheit (vgl. auch Ex 19,16). Sturm,

Erdbeben und Feuer sind gewaltig und machen Eindruck, können aber für Menschen lebensgefährlich werden. Angst und Schrecken sind die einzig vernünftigen Reaktionen. Der biblische Text sagt sehr deutlich: Gott war nicht im Sturm, nicht im Erdbeben, nicht im Feuer. Deshalb bleibt auch Elija in der Höhle, bis diese gewaltigen Vorboten vorübergezogen sind und er das »sanfte Säuseln« hört. Ist Gott in diesem Geräusch? Ist Gott in der Stille verschwebenden Schweigens? Ist das der Klang seiner Gegenwart? Was für ein Unterschied zu den lauten Erscheinungen! Der hebräische Text bestätigt jetzt nicht ausdrücklich, dass Gott in dieser Stimme ist. Die Septuaginta klärt diese Offenheit mit einer kleinen Hinzufügung: »Nach dem Feuer kam ein Geräusch eines schwachen Lüftchens und *dort war der Herr.*«

Elja lauscht.

Hier würden wir die Erzählung gern anhalten und mit Elija die Stimme des verschwebenden Schweigens genießen.

Treten wir einen Schritt zurück. Was war Elijas Frage? Warum kam er zum Gottesberg? Der Prophet hatte offensichtlich seine innere Sicherheit verloren. Kurz nach dem erfolgreichen Wettstreit auf dem Berg Karmel, nach dem aggressiven Blutbad und eigentlich ganz in seiner Berufung verortet hat er plötzlich seine Spur verloren. Seine innere Leitlinie, sein Vertrauen auf Gott und auf ihr gemeinsames Wirken sind verschwunden, Depression breitet sich aus, der

Kampfgeist und die großartigen Energien erloschen. »Mein Gott ist Jahwe«, das bedeutet Elijas Name, das war sein Programm. Jetzt weiß er nicht weiter und flieht vor der Drohung der Königin Isebel.

Der große und starke Gottesmann flieht vor dieser Frau?

Elijas Flucht wirkt hilflos. Erstmal in den Süden, ins Nachbarreich. Seinen Begleiter lässt er zurück, flieht tiefer in die Wüste und will sterben: »Es ist genug, Herr. Nimm mein Leben; denn ich bin nicht besser als meine Väter.« – so seine Worte in 1 Könige 19,4. In eben dieser Wüste bei Beerscheba, wurde auch Hagar von einem Engel unter einem Strauch gefunden (Gen 21,9–21). Doch ein Engel versorgt Elija und dann bricht er auf. Er geht 40 Tage und 40 Nächte, bis er zum Gottesberg kommt. Das ist eine lange Reise.

Aber nichts wird von Elijas Fragen und Gebeten erzählt. Nichts von Hunger und Durst. Nichts von Begegnungen mit Menschen oder Tieren.

Auffällig ist dabei, dass Elija keinerlei Auftrag für den Weg zum Gottesberg bekommen hat. Es war nicht Gottes Idee.

Was hat Elija motiviert, zum Gottesberg zu ziehen? War das noch die Angst vor Isebel? Oder vielleicht nach der Begegnung mit dem Engel seine Sehnsucht nach Gott? Seine vielen offenen Fragen? Seine Erschöpfung? Eine Erkenntnis, dass es so nicht weiter geht? Ein Erschrecken über all das, was geschehen ist? Ein Wunsch nach neuem Sinn? Ein tiefes Bedürfnis nach einer Veränderung, nach Umkehr, nach weniger Intensität und Brutalität? Vielleicht auch nach einer anderen Art von Gottesbegegnung?

Vor genau sieben Jahren lag ich zwar nicht lebensmüde unter einem Ginsterstrauch, aber etwas machte mich unruhig und ich wusste nicht genau was. Ich meldete mich für fünf Tage zu Exerzitien an. Ich dachte, mehr als fünf Tage geht nicht. Beruflich war ich erfolgreich, privat hatte ich mich aus einer belastenden Partnerschaft gelöst, ich lebte in einem angenehmen sozialen Umfeld, aber irgendetwas suchte ich. Ich konnte es nicht einmal genau benennen. Als mich die Exerzitienleiterin fragte, wie sie mich begleiten könnte, sagte ich: Helfen Sie mir bitte, dass ich nicht einfach Urlaub mache. Ich will beten. Noch im Sprechen war ich überrascht über meine eigene Antwort. Und genau dabei hat sie mich unterstützt. Sie ermutigte mich, auf das Knacken der Muscheln am Strand zu hören, den Wind zu spüren und die Sonne. Wie von selbst saß ich stundenlang in der Kirche oder auf den Dünen. Nach drei Tagen verlängerte ich und bis heute breitet sich das sanfte Schweigen in mir aus.

Als Elija am Gottesberg ankommt, betet er nicht. Er bringt kein Opfer, er spricht nicht mit Gott. Nein, er zieht er sich für die Nacht in eine Höhle zurück, um zu schlafen. Er ist endlich angekommen und hat nichts im Sinn als zu schlafen?

Plötzlich ist Gottes Stimme da und spricht: Was willst du hier, Elija? Das klingt nicht freundlich. Auf die Frage »Was willst du hier?« oder bei Luther: »Was tust du hier?« gibt Elija folgende Antwort:

»Mit leidenschaftlichem Eifer bin ich für den HERRN, den Gott der Heerscharen, eingetreten, weil die Israeliten deinen Bund verlassen, deine Altäre zerstört und deine Propheten mit dem Schwert getötet haben. Ich allein bin übrig geblieben und nun trachten sie auch mir nach dem Leben.«

Er hat Angst. Er fühlt sich allein.

Gottes Antwort ist interessant. Er macht Elija keine Vorwürfe, sondern lädt ihn zu intensiver Begegnung ein. Elija soll raus aus seiner Höhle: Komm raus! Komm raus aus deinem Grab. Komm raus aus deinem Dunkel. Komm raus aus deiner Verzweiflung, ... stell dich vor den »Ich bin der, ich bin.« Stell dich der Gegenwart und Präsenz deines Gottes. Bleibe, lass dich berühren, lass dich auf mich ein, steh aufrecht und verstecke dich nicht.

Elija wird hier nicht genährt wie in der Wüste. Er muss selbst etwas tun. Als Erstes die »Begleiterscheinungen« oder »Vorboten« von Gott selbst unterscheiden. Das kann er. Er wartet ab. Erst das sanfte Geräusch, die zärtliche und behutsame Gegenwart, die Zärtlichkeit Gottes gibt Elija den Impuls, die Höhle zu verlassen. Er tut das nicht, ohne sein Gesicht zu bedecken. Sich einzuhüllen, sich zu schützen vor dem direkten Blick. Sich vielleicht auch einfach zu konzentrieren, ganz bei sich zu sein, aufmerksam sein zu können nur für diese Begegnung.

Was es hier nicht gibt, ist eine Pause. Elija verharrt nicht in der Wahrnehmung der feinen Stimme Gottes. Er reagiert sofort und tritt aus der Höhle heraus. Genau das war Gottes Auftrag. Die eigentliche Begegnung findet erst noch statt. Das Säuseln ist erst der Auftakt. Jetzt. Jetzt. Jetzt komm raus! Diese Gottesstimme ruft zur Bewegung auf ihn hin.

Der nun sofort erneut einsetzende Dialog zwischen Elija und Gott scheint wie eine Wiederholung. Gott stellt wieder dieselbe Frage wie bei Elijas Ankunft am Gottesberg: »Was willst du hier, Elija?«

Elija antwortet exakt mit den gleichen Worten: »Mit leidenschaftlichem Eifer bin ich für den HERRN, den Gott der Heerscharen, eingetreten, weil die Israeliten deinen Bund verlassen, deine Altäre zerstört und deine Propheten mit dem Schwert getötet haben. Ich allein bin übrig geblieben und nun trachten sie auch mir nach dem Leben.«

Ist dieser Dialog identisch mit dem Dialog vor dem Erscheinen Gottes? Hat sich nichts verändert für Elija?

Ein paar Unterschiede gibt es doch:

Beim ersten Mal war Elija *in* der Höhle, jetzt steht er *vor* dem Eingang.

Beim ersten Mal wollte sich Elija gerade schlafen legen, jetzt steht er konzentriert und aufnahmebereit da.

Beim ersten Mal war Elija ohne Auftrag angekommen, jetzt steht er genau an dem Ort, den Gott ihm gesagt hatte.

Jetzt ist es ein Dialog in einer wechselseitigen Beziehung.

Die Sätze klingen trotzdem gleich, aber vermutlich haben sie nicht dieselbe Betonung – probieren Sie es mal aus!

Wenn Konfliktgespräche in eine Sackgasse geraten, dann hilft manchmal, sich einfach zunächst anzusehen, schweigend und dann erst zu sprechen. Sich zu verbeugen vor der Persönlichkeit des anderen, ihn mit liebevoller Wertschätzung anzunehmen, seinen Schmerz auch zu sehen ... Oft sind die eigentlichen Inhalte einfach auch nicht hörbar, weil der Zugang zum Herz nicht geöffnet ist.

Es hat sich doch etwas verändert. Hätte der eben angekommene Elija neue Aufträge angenommen? Wäre er bereit gewesen, seinen Weg in die Wüste zurückzugehen? Vermutlich nicht. Die kurze Begegnung mit der Stimme sanften Säuselns hat Elija aufgeweckt aus seiner Depression.
Alles was in den nächsten Kapiteln über ihn erzählt wird, liegt von außen betrachtet wieder ganz auf der Spur des bekannten Propheten. Genau so hat er sich vor seiner Wanderung verhalten. Er richtet Gottes Botschaft aus, er hat keine Angst. Er ist weder grundsätzlich gewaltloser geworden (vgl. 2 Kön 1) noch hört er die Stimme Gottes jetzt anders, er versteht genau seine Aufträge. Auch die religiöse und politische Situation in Israel hat sich nicht grundlegend verändert. Das einzig Neue von außen ist, dass auch seine Nachfolge geregelt sein wird und er Elischa beruft.

Hat Elija irgendjemandem von seiner Erfahrung erzählt? Wie auch immer, diese Gottesbegegnung machte ihn bereit für die nächsten Etappen seines Weges als Prophet in Israel.
Dafür hatte der Engel ihn gestärkt. Dafür hat Gott sich ihm in dieser besonderen Stimme offenbart.

Ein Impuls

Ich laufe mindestens 40 Minuten und suche dann einen ruhigen Ort für mich.

Hier stelle ich mir vor, dass Gott mir die Frage stellt: Was willst du hier, NN …?

Welche Antwort gebe ich gerade?

Zum Weiterlesen

Die Evangelien erzählen eine wunderbare Begegnung von Jesus mit Mose und Elija auf dem Berg Tabor (vgl. Mk 9,2–8). Was reden diese drei wohl miteinander? Welche Erfahrungen tauschen sie aus, welche Fragen bleiben offen?

Heiliges Wort
Geh deinen Weg!

Ruhe finden

Ich sorge für mich
Ich lerne
Ich höre zu

Ich sorge für mich

Psalm 131

---

[1] Ein Wallfahrtslied. Von David.
HERR, mein Herz überhebt sich nicht,
nicht hochmütig blicken meine Augen,
ich gehe nicht um mit großen Dingen,
mit Dingen, die mir nicht begreiflich sind.

[2] Vielmehr habe ich besänftigt,
habe zur Ruhe gebracht meine Seele.
Wie ein gestilltes Kind bei seiner Mutter,
wie das gestillte Kind, so ist meine Seele in mir.

[3] Israel, warte auf den HERRN von nun an bis in Ewigkeit!

Wie höre ich
das Schreien
eines hungrigen
Säuglings?
Wie klingt gestillt
werden?
Welche Geräu-
sche macht ein
gestilltes Kind?

Eine der schönsten Entdeckungen in der neuen Einheitsübersetzung ist für mich eine kleine feine Veränderung mitten in Psalm 131. In Vers 2 heißt es nun nicht mehr »wie ein kleines Kind«, sondern »wie ein gestilltes Kind«. Dieser kleine Unterschied hat eine große Wirkung. Wenn ich in Seminaren Frauen oder Männer bitte, ihre Erinnerungen an »kleine Kinder bei der Mutter« oder eben an »gestillte Säuglinge bei der Mutter« zu erzählen, höre ich sehr verschiedene Geschichten. Kleine Kinder spielen, lachen, strampeln und bewegen sich. Sie inspirieren und ermutigen uns mit ihrer unbändigen Neugier auf die Welt, ihrer Ausdauer beim Üben von neuen Bewegungen, ihrem Vertrauen. Von Ruhe habe ich wenig gehört.

Wird von Momenten mit Säuglingen erzählt, stehen andere Bilder im Vordergrund. Diese ganz Kleinen haben eine sehr berührende, auch beruhigende und zarte Ausstrahlung, wenn sie gestillt sind. Ein Säugling, der satt und zufrieden, erlöst vom Hunger und der damit verbundenen Lebensangst, zur Ruhe gekommen ist. Vielleicht auch schon schläft und vollkommen entspannt Arme und Beine hängen lässt. Vielleicht auch noch die Mutter ansieht, lächelt, ... Es riecht nach Baby und nach Milch. Geborgen sein, gehalten werden, behutsam berührt werden, sicher sein, vertraut sein – das empfinden wir beim Blick auf ein gerade gestilltes Baby.

Während ich diese Zeilen schreibe, höre ich über den offenen Balkon aus der Wohnung unter mir immer wieder die gerade ein paar Wochen alte Tochter meiner Nachbarin.

Es ist ein Wechsel von Weinen, Schreien und langer Stille. Manchmal dringen ein paar leise und beruhigende Worte der Mutter zu mir hoch. Dieses Baby begleitet meine Gedanken und ich bin ihm dankbar für diese Inspiration und versuche, liebevoll Segen zu senden.

Das betende Ich in Psalm 131 vergleicht ein gerade gestilltes Kind mit der eigenen Seele. Satt, zufrieden, beruhigt und sicher. Der Atem ist ruhig und fließt tief in den Bauch. Die Muskeln sind entspannt, die Haut nimmt die umgebende Luft und Kleidung wahr, das Herz fühlt Geborgenheit, ein Lächeln im Gesicht. So körperlich ist eine gestillte Seele erlebbar. Vielleicht folgt gleich ein entspanntes Schläfchen.

Diejenigen, die Psalm 131 nachbeten, werden angeleitet, mit ihrer Seele umzugehen wie eine Mutter mit ihrem Kind: So ist meine Seele in mir. Ich bin die Mutter meiner Seele. Ich streichle sie. Ich nähre sie. Ich kümmere mich und ich gebe mich hin, damit es meiner Seele gut geht. Diese Unterscheidung von Ich und Seele wirkt sehr modern und der Psalm damit fast wie ein antiker Vorbote der therapeutischen Arbeit mit der Vorstellung eines inneren Kindes.

Vor einigen Jahren durfte ich bei einem Coaching eine sehr eindrückliche Erfahrung machen. Ich wurde angeleitet zu einem »Besuch aus der Zukunft«. Stellvertretend für meine damalige Situation wählte ich einen Holzbaustein. Wirklich einfach nur ein rechteckiges Stück Holz. Wir stellten rund um »mich« noch einige andere Holzstücke stellvertretend für Menschen in meinem Umfeld, die mich bedrängten. Wir wechselten die Größen und Abstände, bis alles passte. Soweit eine ganz normale Aufstellungsarbeit und bereits sehr erhellend und mit verändernden Perspektiven für mich. Dann bat mich der Coach aufzustehen und alles stehend zu betrachten. Schließlich leitete er mich an, wie ein »Besuch aus der Zukunft«, der diese Situation längst überwunden hat, mit mir als »jetzt-Holzstück« Kontakt aufzunehmen. Ich schaute mich an, ich sprach mit mir, ich fühlte mich ein, ich verstand mich sehr gut, ich sprach mir als »Holzbaustein« Mut zu, ... Ich war riesig im Vergleich und dieser Situation längst entkommen. Schließlich nahm ich den Holzbaustein zärtlich in meine Hand. Ich werde diese Übung nie vergessen. Der Coach schenkte mir den Holzbaustein, ich nahm ihn tatsächlich auch zu Hause in die Arme, streichelte und beschützte ihn – und damit mich. Ich erhielt viel Kraft dadurch. Noch heute steht er im Regal. Damals habe ich meine Seele wirklich besänftigt und zur Ruhe gebracht.

Eine andere Variante die eigene Seele zur Ruhe zu bringen und zu besänftigen, beschreibt der Psalm im ersten Vers. Seine Anleitungen sind sehr klar.

Der erste Schritt zur Seelenruhe konzentriert sich auf das eigene Herz. Dabei ist das Herz biblisch weniger ein Organ des Fühlens, sondern das Zentrum aller Verstandeskräfte. Mit dem Herz wird gedacht, geplant und geurteilt. *»Mein Herz überhebt sich nicht«,* darf man lesen als Aussage eines Menschen, der sich seiner Begrenzungen bewusst ist. Er oder sie weiß, dass der menschliche Verstand vieles erfasst, aber lange nicht alles, was es in der Welt gibt. Der Verstand, das Wissen, die eigenen Kompetenzen: All das sind wertvolle Gaben. Die im Psalm empfohlene Übung besteht aber darin, demütig seine eigenen Gedanken zu prüfen. Worüber denke ich nach? Welchen Erinnerungen widme ich viel Zeit? Wie phantasiere ich die Zukunft? Welche Bewertungen produzieren meine Gedanken? Mit welchen Ängsten und abwertenden inneren Dialogen beschäftige ich mich? Es gibt viel zu entdecken, wenn man anfängt, sich selbst beim Denken zu beobachten. Ruhe kehrt erst ein, wenn die Gedanken immer wieder mit der Realität konfrontiert werden, in der Gegenwart bleiben und kontrolliert werden können in ihren Bewegungen.

Der zweite Halbvers in diesem poetischen Gebet bringt ganz klassisch für die hebräische Poesie einen ähnlichen Gedanken mit einer kleinen Nuancierung noch einmal zur Sprache. Die Augen stehen wie das Herz als Metapher für das Ich des Beters. Jetzt im zweiten Schritt zur Seelenruhe richtet sich die Konzentration auf die Augen als Sinnbild unserer Beziehungswelten. Durch Blicke erkennen wir einander, schenken uns Aufmerksamkeit, können Liebe wie Hass weitergeben. Über die Augen nehmen wir die Welt um uns wahr und reagieren auf sie. Wir treten in Beziehung, wir fühlen und wir positionieren uns. Im Psalm bleiben die Augen auf einer Ebene mit ihrem Gegenüber, sie blicken nicht von oben herab. Der Mensch, der hier betet, bleibt auf Augenhöhe. Er weiß um die Gefährdungen des Hochmuts und der Selbstüberschätzung. Demut wäre die christliche Beschreibung dieser Haltung.

Diese ersten beiden Schritte zur Seelenruhe sind also wie eine Übung in Selbstkontrolle und Wertschätzung anderer. Nicht zufällig empfehlen fast alle Meditationsformen zunächst Wege, um die eigenen Gedanken- und Gefühlswelten nicht mehr ins Zentrum der Aufmerksamkeit zu stellen. Eher den Atem oder ein Wort oder eine andere sinnliche Erfahrung. Und zugleich mit liebevollem Herzen präsent zu sein. Genau das sind die ersten beiden Schritte auf dem Weg zu einer besänftigten Seele.

Liest man im Psalm weiter, so erscheint der nächste Vers im ersten Moment wie eine Aufforderung, sich selbst klein zu halten, sich nicht um »große Dinge« in der Welt zu kümmern. Ist das wirklich gemeint: Sich abwenden von den großen Zusammenhängen, sich nicht engagieren für Klima, Umweltschutz, Politik? Heißt der Ratschlag: Bleib in deiner kleinen Welt, nur da kannst du in Ruhe leben?

Der tiefere Sinn erschließt sich erst, wenn man weiß, dass die »großen Dinge« bzw. die »wunderbaren Dinge« biblisch wie ein Fachwort für die Wundertaten Gottes stehen. Die großen Dinge Gottes, sind z.B. der Exodus, die Erschaffung der Welt und des Menschen (vgl. Ps 139,6), aber auch die Frage nach Sinn und Ursprung des Leidens sowie der Durchsetzung von Gerechtigkeit in dieser Welt. Das sind genau die Fragen, die auch Ijob stellt und von denen er am Ende sagt (Ijob 42,3): *»Fürwahr, ich habe geredet, ohne zu verstehen, über Dinge, die zu wunderbar für mich und unbegreiflich sind.«*

Leider hat die neue Einheitsübersetzung in Psalm 131 mit der Übersetzung »große Dinge« den inneren Zusammenhang zu all den anderen »wunderbaren Dingen« fast unkenntlich gemacht.

Nachdem also in Vers 1 zunächst Übungen für Gedanken und Wahrnehmungen empfohlen wurden, wird jetzt die Gottesbeziehung thematisiert. Auch hier ist die Methode sehr klar: Erkenne die Größe und Unendlichkeit Gottes und akzeptiere dich selbst als kleinen Teil des Universums.

Mit dieser Methode in drei Schritten ist der Beter sehr zufrieden und sagt stolz: Ich konnte meine Seele besänftigen und zur Ruhe bringen. Obwohl der Psalm ein Gebet ist, heißt es nicht: Gott hat meine Seele beruhigt! Dieser Beter ist nicht gerade bescheiden, er beschreibt einfach eine für ihn sehr erfolgreiche Methode zur Seelenruhe. Um noch intensiver zu verdeutlichen, was Seelenruhe sein kann, wählt er nun das Bild eines gestillten Kindes. Dabei gibt er fast unbemerkt einen vierten Schritt zur Seelenruhe an: Bis das Baby gestillt ist, das dauert. Es ist ein Weg dahin, das weiß jede Mutter. Manchmal gelingt es nicht gleich, manche Kinder sind so aufgeregt vor Hunger oder Angst, dass sie die Brust nicht finden oder nicht saugen können. Und jeder Vater weiß, dass es Momente gibt, in denen nur die Mutter beruhigen kann.

Das bedeutet im Blick auf die eigene Seelenruhe, man braucht Geduld und Ausdauer, muss loslassen lernen. Dazu kommt das Wissen, dass der nächste Hunger kommen wird. »Ich habe meine Seele besänftigt« ist noch kein Dauerzustand.

Im abschließenden Vers 3 ändert sich die Sprechrichtung. Das betende Ich wendet sich an seine Gemeinschaft. Gleichzeitig zitiert Psalm 131 aus dem vorangehenden Psalm 130,5–8. Dort wird vom Warten auf die Erlösung gesprochen. Selbst wenn die eigene Seele zeitweise ruhig ist, selbst wenn wir das alle lernen können, die vollkommene und dauerhafte Ruhe in Gott erwarten wir noch.

Offen bleibt am Ende irgendwie die Frage: Was ist das eigentlich für ein Gebet? Wer betet da? Wer spricht von seiner Erfahrung und wendet sich mit der Aufforderung zur Geduld an die eigene Gemeinschaft? Erich Zenger hat darauf aufmerksam gemacht, dass der Psalm durchaus als Gebet einer Frau verstanden werden könnte. Denn ganz wörtlich müsste man übersetzen: Wie das gestillte Kind bei mir, so ist meine Seele. Dann spräche den Psalm eine Frau. Erstaunlich, wie stark sie ist. So gut wie in jeder Zeile: mein – ich – mir ... Wäre das erste Wort nicht, dann wäre dies kein Gebet. So aber beginnt der Psalm mit dem Gottesnamen: HERR, oder JHWH oder »Ich bin der Ich bin« oder »DU« oder »mein Gott«. Die Frau spricht mit Gott wie mit einer Freundin, sie erzählt von ihrer Erfahrung ohne Scheu und ohne falsche Bescheidenheit. Wäre das erste Wort nicht, alle Schritte würden ins Leere laufen. In dieser Beziehung gründet die Geborgenheit, die sie ihrer Seele schenken kann. Das ist die Nahrung der Seele, dass Gott da ist und wir so eng mit ihm verbunden sind wie Mutter und Säugling. Unsere Seele trinkt sich satt an Gott. – Vielleicht schlürft sie dabei, vielleicht schmatzt sie, vielleicht spielt sie mit ihm, ... was Säuglinge eben so machen.

Ein Impuls

Ich schreibe ein Gebet. Ich beginne mit einem Namen für Gott.

Ich erzähle von mir, von meinem Hunger, von meiner Sehnsucht, von meiner Liebe – und ich schäme mich für nichts. Alles darf ich aussprechen.

Vielleicht erwächst daraus auch eine Botschaft für andere als abschließender Vers?

Zum Weiterlesen

Ich lese Psalm 62, oder Psalm 133 oder vielleicht sogar die Psalmen 145 bis 150.

Ich achte darauf, was mich an diesen Gebeten langweilt, innerlich berührt oder ruhig werden lässt.

Heiliges Wort
gestillt

Ich lerne

Matthäus 11,28–30

---

²⁸ Kommt alle zu mir, die ihr mühselig und beladen seid! Ich will euch erquicken.
²⁹ Nehmt mein Joch auf euch und lernt von mir; denn ich bin gütig und von Herzen demütig; und ihr werdet Ruhe finden für eure Seele.
³⁰ Denn mein Joch ist sanft und meine Last ist leicht.

²⁸ So kommt doch alle zu mir, die ihr euch abmüht und belastet seid: Ich will euch ausruhen lassen.
²⁹ Nehmt meine Last auf euch und lernt von mir: Ich brauche keine Gewalt, und mein Herz ist nicht auf Herrschaft aus. So werdet ihr für euer Leben Ruhe finden. ³⁰ Denn meine Weisungen unterdrücken nicht, und meine Last ist leicht.

Dr. Ulrike Bail / Frank Crüsemann / Marlene Crüsemann (Hrsg.),
Bibel in gerechter Sprache © 2006, Gütersloher Verlagshaus,
Gütersloh, in der Verlagsgruppe Random House GmbH

Welchen Klang
hat die Stimme
Jesu für mich?
Wie hört es
sich an, wenn
alle kommen?
Welche Geräusche
macht eine leichte
Last?

Der berühmte Heilandsruf begleitet mich schon sehr lange. In verschiedenen Lebensabschnitten habe ich immer neue Aspekte darin entdeckt. Ich erzähle hier einfach meine Geschichte mit diesem Text und bin wirklich neugierig auf die nächsten Entdeckungen.

Mit 13 Jahren habe ich einen Entschluss gefasst: Wenn ich Christin sein wollte, dann müsste ich auch die Bibel lesen. Ich fing im Neuen Testament mit dem Evangelium nach Matthäus an. Es hat mich zunächst nicht sonderlich beeindruckt, bis ich zu Kapitel 11 kam. Der sogenannte Heilandsruf (Mt 11,28–31) berührte mich sehr. Plötzlich fühlte ich mich angesprochen. Jemand wusste um mein schweres Herz. In der alten Einheitsübersetzung war der Text so übersetzt:

»Kommt alle zu mir, die ihr euch plagt und schwere Lasten zu tragen habt.
Ich werde euch Ruhe verschaffen.
Nehmt mein Joch auf euch und lernt von mir;
denn ich bin gütig und von Herzen demütig;
so werdet ihr Ruhe finden für eure Seele.
Denn mein Joch ist leicht und meine Last drückt nicht.«

Ja, ich plagte mich. Von heute aus gesehen mit den ganz normalen Lasten einer Teenagerin, aber ich empfand es doch als schwierig. Ich fühlte mich unverstanden, ich konnte meine Gefühle nicht sortieren, ich wusste nicht recht, wer ich wirklich war.

Aber sofort hat mich angesprochen, von Jesus zu lernen. *Gütig* werden zu können, das klang für mich wunderbar. Ich schrieb Jesus in meinem Tagebuch lange Briefe. Ich bat um Geduld, ich klagte, ich lernte Gedanken und Gefühle zu ordnen. So kam ich damals zu Jesus. Das beruhigte mich. Ich fand mehr Frieden.

Im Studium entdeckte ich, dass der »Heilandsruf« noch weitere Dimensionen bekommt, wenn er im Kontext anderer biblischer Texte gelesen wird.

Ich lernte, dass mit dem Wort »Lasten« im Matthäusevangelium auch überzogene religiöse Verpflichtungen gemeint sein können (vgl. Mt 23,4). Jesus verschafft also Ruhe, indem er von einer zu engen und zu moralischen Vorstellung der christlichen Lebenspraxis befreit.

Langsam wurde mir auch bewusst, wie sehr Neues und Altes Testament ineinander verwoben sind und sich gegenseitig auslegen. Jesus zitiert immer wieder die großen Propheten und Psalmen. Der Evangelist Matthäus lässt ihn im Heilandsruf aus Jeremia 6,16 zitieren:

»*So spricht der* HERR: *...fragt, wo der Weg zum Guten liegt; geht auf ihm, so werdet ihr Ruhe finden für eure Seele! Sie aber sagten: Wir gehen nicht.*«

Als Jüngerin Jesus sollte ich es anders machen, darin lag die Botschaft. Nach dem Guten fragen und darin Ruhe finden.

Die Fußnoten in der Einheitsübersetzung geben zusätzlich Jesaja 28,12 als Verweisstelle an. Dort verkündet die prophetische Stimme im Kontext einer heftigen Anklage gegen Priester und Propheten, die ihrem Dienst nicht nachkommen, sondern sich mit Alkohol berauschen und leeres Geschwätz verbreiten: »*Er (Gott) hatte zu ihnen gesagt: So findet ihr Ruhe; gönnt doch den Müden die Rast, hier ist der Ort der Erholung. Sie aber wollten nicht hören.*« (nach der Einheitsübersetzung von 1980).

Der Tempel, die Kirchen, die gesamte Seelsorge sollte eigentlich ein Ort der Rast und der Erholung sein. Bis heute finde ich das eine wunderbare Vision. Wer immer müde ist, darf kommen und sich erholen. Das ist der Auftrag Jesu. Die Kirche ist dazu da, die Müden zu erfrischen, zu beleben, Lebensfreude zu aktivieren, …

Die prophetische Kritik an einer ungerechten Gesellschaft, diese scharfen und kritischen Worte an alle Verantwortungsträger und Jesus selbst als Prophet, das alles motivierte mich sehr. Der Heilandsruf wurde für mich zur Aufforderung, mich zu engagieren!

Gegen Ende des Studiums und während der Promotionsphase beschäftigte ich mich vor allem mit der Weisheitsliteratur Israels. Ich schrieb meine Diplomarbeit über das Kapitel 9 aus dem Buch der Sprichwörter: Eine Einladung der Frau Weisheit zum Mahl in ihrem Haus. Plötzlich erkannte ich: Frau Weisheit lädt ein, wie Jesus einlädt – oder besser: Jesus lädt ein, wie Frau Weisheit eingeladen hat! Beide rufen zum Essen und Trinken auf und zum Lernen: »*Kommt, esst von meinem Mahl … geht auf dem Weg der Einsicht, … Ja, durch mich werden deine Tage zahlreich…*« Das Gegenstück von Frau Weisheit ist die literarische Figur der Torheit, die wiederum als »unruhig« (Spr 9,13) beschrieben wird.

Vor diesem Hintergrund wurde mir klar, wie intensiv Jesu in der Tradition der Weisheitslehrer Israels steht: Komm zu mir, trink, iss, feiere und lerne, wie dein Leben gelingt, wie du andere unterstützt, und finde Ruhe bei mir. Das ist die Botschaft des Christentums!

Die literarische Beheimatung des Heilandsruf in der Weisheitsliteratur vertieft sich durch weitere Anklänge an Aussagen im Buch Jesus Sirach. Liest man dort nach, so erschließt sich das »Joch Jesu« als eine Metapher für Bildung und Schulung in Weisheit, für das Studieren der Schriften Israels, einfach das Lesen der Heiligen Schrift. Diese Bildung führt zu Ruhe, gelingendem Leben und Gottesnähe. Ich war begeistert und freute mich über dieses Erkennen! Und ehrlich gesagt war mir dieses »Joch« sehr viel angenehmer als das »Kreuz«. Endlich klärte sich auch, was an diesem Joch »sanft« sein sollte und »leicht«.

»Höre, Kind, und nimm meine Erkenntnis an … Füge deine Füße in ihre Fesseln und deinen Hals unter ihr Halseisen (= Joch)! Beuge deinen Nacken und trage sie und sei nicht unwillig über ihre Stricke! Mit deiner ganzen Seele geh auf sie zu und mit deiner ganzen Kraft befolge ihre Wege! … Denn zuletzt wirst du bei ihr Ruhe finden und sie wird sich für dich in Freude verwandeln. Die Fußfesseln werden dir zum starken Schutz und ihr Halseisen (= Joch) zu einem Ehrenkleid. (Sir 6,23–26.28)

»Kommt her zu mir, ihr Ungebildeten … warum dürsten eure Seelen so sehr? Ich habe meinen Mund geöffnet und gespro-

chen: ... Beugt euren Nacken unter das Joch, eure Seele soll Bildung annehmen! Sie ist nahe, sodass man sie findet.

Seht mit euren Augen, dass ich mich ein wenig mühte und viel Ruhe für mich gefunden habe.« (Sir 51,23–27)

Ja, der Heilandsruf hat es in sich. Er ist wie eine Patchworkdecke aus so viel Tradition und Text und mit so viel Liebe erarbeitet. Vermutlich verbirgt sich hinter »gütig« und »demütig« zusätzlich die Anspielung auf die Vorstellungen eines leidenden, gewaltlosen Messias (vgl. Jes 42,1–4; Sach 9,9; Mt 21,5).

Ich bin gespannt, wie meine Geschichte mit diesem Text noch weitergeht. Auf jeden Fall motiviert mich der Ruf: Kommt her,... immer neu dazu, mich in die Schrift zu vertiefen, zu lesen, zu lernen, meinen Unruhen nachzugehen und meinen Fragen. Und immer neu beruhigt genau das meine Seele.

In einer Art Traum saß plötzlich Jesus auf meinem Sofa. Ich fragte ihn: »Kann ich meinen Kopf in deinen Schoß legen oder mich anlehnen?« Er sagte: »Ja, klar, wenn du willst, komm her!« Dann sagte er: »Du kannst aber auch aufrecht sitzen bleiben und wir sprechen miteinander.« Ich habe mich im Traum für das Gespräch entschieden.

Die Einladung zur Ruhe im Heilandsruf ist sicher nicht einfach ein »Sich-Hinsetzen und Ausruhen«. Die Einladung gilt all denen, die nicht zu-frieden sind. Es braucht vielleicht eine gewisse innere Sehnsucht, eine Art inneren Schmerz, um mit diesem Lernen zu beginnen.

Ein Impuls

Ich erinnere mich an Bibelstellen, Lieder und Orte (eine Landschaft, einen Berg, einen Wald, eine Kirche, …), die mich schon viele Jahre begleiten. Viele Stationen meines Lebens sind damit verbunden, Erfahrungen mit Menschen, Gefühle, Gebete, …

Zum Weiterlesen

Manchmal suche ich nach einem weiblicheren Gottesbild. Dann lasse ich mich beschenken von der Schönheit des Textes in Weisheit 7,21–30.

Heiliges Wort
Komm her!

Ich höre zu

Markus 6,30–34

---

30 Die Apostel versammelten sich wieder bei Jesus und berichteten ihm alles, was sie getan und gelehrt hatten. **31** Da sagte er zu ihnen: Kommt mit an einen einsamen Ort, wo wir allein sind, und ruht ein wenig aus!
Denn sie fanden nicht einmal Zeit zum Essen, so zahlreich waren die Leute, die kamen und gingen. **32** Sie fuhren also mit dem Boot in eine einsame Gegend, um allein zu sein.

33 Aber man sah sie abfahren und viele erfuhren davon; sie liefen zu Fuß aus allen Städten dorthin und kamen noch vor ihnen an. **34** Als er ausstieg, sah er die vielen Menschen und hatte Mitleid mit ihnen; denn sie waren wie Schafe, die keinen Hirten haben. Und er lehrte sie lange.

Wie klingen Jesu Worte: Ruht ein wenig aus? Welche Geräusche macht die zusammengelaufene Menge? Was hört man vom See?

Es läuft. Die Jünger kehren erfolgreich zurück von ihrer ersten Mission. Sie versammeln sich bei Jesus und erzählen und erzählen. Bis zwölf Leute von ihren Erfahrungen berichtet haben, dauert es. Unterbricht Jesus das Erzählen mit seiner Aufforderung an einen einsamen Ort zu gehen? Oder ist seine Idee aus dem Erzählen entstanden? Merkte Jesus, dass die Jünger mehr brauchen als eine Gesprächsrunde? Dass sie wirklich Pause brauchen?

Weder die Jünger noch Jesus haben gerade wirklich Zeit. Menschen suchen Heilung und Zuspruch, ein Kommen und Gehen, es bleibt nicht einmal Raum zum Essen.

Das klingt irgendwie vertraut.

Genau das ist der Moment, an dem Jesus unterbricht mit seiner Einladung: »Kommt mit an einen einsamen Ort … und ruht ein wenig aus!« Würde man einen Film drehen, dann wäre hier sicher Protest zu hören: Wie, jetzt? Siehst du nicht, wie viele Leute da sind? Wir müssen jetzt unsere Aufgabe erledigen. Du musst da sein, die Menschen brauchen dich. Oder sagen die Jünger: Oh, danke, ja, genau das brauche ich jetzt. Was für eine gute Idee!

Wie auch immer, im griechischen Text stehen dieselben Worte wie in Matthäus 11,28–30: Kommt zu mir, findet Ruhe bzw. ruht euch aus. Hört auf, etwas zu tun – so eine ganz wörtliche Übersetzung.

Sie fahren also mit dem Boot los, in eine einsame Gegend und nur sie allein, die Leute aber laufen voraus.

Eine Kollegin inszeniert manchmal in Seminaren diese Erzählung mit biblischen Erzählfiguren. Zunächst sind die Teilnehmerinnen eingeladen als Jünger im Boot darüber zu sprechen, was sie sich erhoffen vom »einsamen Ort«. Einige wollen immer einfach nur ihre Ruhe. Sie träumen davon, zu schlafen, gemütlich zu essen, die Gemeinschaft zu genießen. Andere wollen ihre Erfahrungen intensiv reflektieren oder einfach mal allein mit Jesus sprechen, ohne die Kollegen. Wieder andere planen die nächste Aktion. Einzelne sind noch nicht davon überzeugt, dass es ein guter Plan ist mit dem einsamen Ort. Immer sind auch »Jünger« im Boot dabei, die sich auch auf eine Zeit für Gebet und Schriftlesung freuen.

Dann wendet sich der Blick zu all denen, die vorauslaufen. Was motiviert diese Menschen, an den einsamen Ort zu kommen? Von der Sehnsucht nach Heilung, der Bitte um Segen bis zur reinen Neugier ergeben sich bunte Mischungen an Antworten. Immer denke ich, ja, genau, so verschieden wie die Menschen und ihr Leben sind ihre Wünsche und Hoffnungen im Blick auf Jesus.

Als Jesus aussteigt, nimmt er die Menschen wahr, er sieht sie an.

Als Papst Franziskus nach seiner Wahl auf den Balkon trat, gab es so einen ähnlichen Moment. Er sah die Leute an. Er nahm sich Zeit, er wich nicht aus, er fühlte die Menschen, ihre Trauer, ihre Hoffnung, ihre Freude und ihre Angst. Dann reagierte er so überaus normal und sympathisch. Sein Gruß »Buona sera« wurde sprichwörtlich und ging um die Welt.

Will man anderen Menschen begegnen und eine Beziehung aufbauen, tut eine Begrüßung gut. Wir reagieren darauf instinktiv. Streckt uns jemand die geöffnete Hand hin, ergreifen wir sie. Das ist wie ein Reflex.

Von Jesus wird beim Blick auf die Menschen eine intensive körperliche Reaktion erzählt: Er hatte Mitleid oder wörtlich »seine Eingeweide zogen sich zusammen«. Es zieht im Bauch. Oder wie die Bibel in gerechter Sprache übersetzt: Es ging ihm nahe.

Die Evangelien deuten das Erleben Jesu mit einem Zitat aus Numeri: »Sie waren wie Schafe, die keinen Hirten haben.« Zumindest domestizierte Schafe sind darauf angewiesen, dass jemand sie zur Weide führt, wilde Tiere abwehrt und die Wasserstellen kennt.

Aus Mitleid, aus Empathie, aus Liebe beginnt Jesus zu den Menschen zu sprechen.

Er lehrte sie lange.

…

Markus erzählt nichts von den Worten Jesu an dieser Stelle.

Auch keine Reaktion der Menschen.

Die Buchstaben schweigen.

Unsere inneren Ohren sind eingeladen zu hören.

Später wird Jesus alle mit Brot und Fischen versorgen. Alle lagern sich wie damals in der Wüste, es gibt genug für alle, ja sogar Überfluss. Seele und Körper werden gut versorgt.

Ein Impuls

Ich stelle mir vor, Jesus sieht mich an, mit einem Blick voll Liebe, der tief im Bauch zu spüren ist ...
Ich höre einfach zu.

Zum Weiterlesen

Eines der wichtigsten jüdischen Gebete, das »Schema Israel«, steht in Dtn 6,4–5.
Es beginnt mit: Höre! ... Ich lerne es auswendig.
Dazu kann ich auch Mk 12,28–34 und die Parallelstellen bei Lukas und Matthäus lesen.

Heiliges Wort
Er lehrte sie lange.

Friedens-
wege

Tun, was zu tun ist
In mir versöhnt
Folgt mir nach!

Tun, was zu tun ist!

Markus 14,3–9

---

³ Als Jesus in Betanien im Haus Simons des Aussätzigen zu Tisch war, kam eine Frau mit einem Alabastergefäß voll echtem, kostbarem Nardenöl, zerbrach es und goss das Öl über sein Haupt.

⁴ Einige aber wurden unwillig und sagten zueinander: Wozu diese Verschwendung?

⁵ Man hätte das Öl um mehr als dreihundert Denare verkaufen und das Geld den Armen geben können. Und sie fuhren die Frau heftig an.

⁶ Jesus aber sagte: Hört auf! Warum lasst ihr sie nicht in Ruhe? Sie hat ein gutes Werk an mir getan.

⁷ Denn die Armen habt ihr immer bei euch und ihr könnt ihnen Gutes tun, sooft ihr wollt; mich aber habt ihr nicht immer.

⁸ Sie hat getan, was sie konnte. Sie hat im Voraus meinen Leib für das Begräbnis gesalbt.

⁹ Amen, ich sage euch: Auf der ganzen Welt, wo das Evangelium verkündet wird, wird man auch erzählen, was sie getan hat, zu ihrem Gedächtnis.

Welche Geräusche hört die Frau beim Eintritt in den Raum? Wie klingt das Zerbrechen des Alabastergefäßes? Mit welcher Betonung spricht Jesus: Hört auf?

Im Neuen Testament kommt das Wort »schön« sehr selten vor. Es gibt aber eine Geschichte, deren unterschiedlichste Facetten immer wieder zum Staunen anregen. Unmittelbar vor der Passion erzählt Markus in Kapitel 14,3–9 von einer Salbung in Betanien. Diese Salbung durch eine Frau ist eine prophetische Zeichenhandlung. Sie salbt Jesus vor seiner Passion zum König, ihn, den Christus, den Messias. Sie salbt ihn mit kostbarem Nardenöl, das mehr wert ist als ein Jahreseinkommen.

Sie salbt ihn, weil auf dem Weg zum Tod die wahre Königsherrschaft Jesu sichtbar wird. Diese Art »Königtum« wird eine normale Bestattung für Jesus verhindern.

Für dieses Handeln, für diese »schöne Tat« wird der Frau von Jesus ein »ewiges Gedächtnis« verheißen.

Als sich die anderen Gäste über die Geldverschwendung aufregen, erwidert Jesus: »Hört auf! Warum lasst ihr sie nicht in Ruhe? Sie hat ein gutes Werk an mir getan.« (Mk 14,6)

Weder die Frau noch Jesus werden als Menschen »schön« genannt. Die Handlung der Frau allerdings wird im Griechischen als »*kalon ergon*«, als eine »schöne Tat« beschrieben (so übersetzt z.B. die Züricher Bibel, 2007).

Nun ist eine »schöne Tat« nicht irgendetwas Nettes oder ästhetisch Schönes, sondern der Inbegriff des gerade jetzt richtigen, des passenden Verhaltens, des moralisch, religiös und sozial richtigen Handelns. Diese Frau war zur rechten Zeit mit dem rechten Einfall am rechten Ort. Sie tut, was zu tun ist. Sie redet nichts dabei. Sie ist einfach da. In ihrem Handeln wird Gottes Gesalbter sichtbar und damit bekommt Gott ein Gesicht. Was sie tut, ist Theologie, also Lehre über Gott, wenn auch ohne Worte.

Aus diesem Grund wird bei Markus auch ganz fein im Griechischen in der Wortwahl differenziert, wenn es im folgenden Streitgespräch um die Armenfürsorge geht. Den moralisierenden Gästen sagt Jesus nämlich auch noch: Die Armen habt ihr immer bei euch und könnt ihnen *Gutes* tun (V. 7). »Gutes tun« im Sinne von Almosen geben, das kann man immer. Eine im Wortsinn »*schöne Tat*« zu vollbringen, das schafft man vielleicht nur einmal im Leben. Körperlich »schön« braucht man dazu nicht sein, aber Herz, Verstand und Mut muss man einsetzen.

Das alles macht die salbende Frau in Markus 14 zu einer der stärksten Frauengestalten der Bibel. Immer aufs Neue berührt mich diese Szene und ich frage mich, wer diese namenlose Frau wohl war. Sie schweigt. Wir erfahren nichts über ihre Motive, nichts über ihre Zweifel oder ihre Entschiedenheit. Wir erfahren nichts über ihre Gefühle vor der Salbung, während der Salbung, während des Streitgesprächs der Männer, auf dem Heimweg, am nächsten Tag. All das wird nicht erzählt. Das ist eine Leerstelle des Textes, vielleicht eine Textstrategie: Sollen wir als Leserin und Leser diese Lücken füllen mit unserer Phantasie, unserem Erleben, unserem Wissen? Das bringt uns in Dialog mit dem Text, zieht uns förmlich hinein. Es gibt so viele offene Fragen: Woher weiß die Frau, was zu tun ist? Woher hat sie das teure Öl? Wieso spricht sie nicht? Immer sehe ich diese Frau aufrecht vor mir, sie ist weder gebeugt noch unsicher, sie weiß einfach, was zu tun ist.

Ihr Schweigen und »ihre Stille« sind sehr klar. Sie spricht durch ihr Handeln.

Für Leserinnen und Leser des Markusevangeliums ist die Salbung in Betanien in der Nähe von Jerusalem die Eröffnung der Passion Jesu. Durch Leiden, Tod und Auferstehung wird sich Jesus jetzt als der Christus, der Gesalbte und Sohn Gottes offenbaren. So hat auch Matthäus diese Erzählung fast wörtlich übernommen (Mt 26,6–13) und in sein Evangelium an derselben Stelle eingebaut. Die Pointe bleibt, nur aus den Gästen werden »die Jünger«, die einfach nicht verstehen.

Bei Lukas fehlt die salbende Frau am Anfang der Passion. Doch kennt auch Lukas eine Erzählung von einer salbenden Frau. In Kapitel 7,36–50 lesen wir von einer Sünderin, so nennt die Öffentlichkeit sie. Was genau ihre Sünde ist, erfahren wir nicht.

Auch hier eine Männergesellschaft bei Tisch. Die Frau bleibt ohne Namen, aus Simon, dem Gastgeber, wird ein klassischer Gegenspieler der Jesusbewegung,, ein Pharisäer. Die Frau kommt mit einem Alabastergefäß mit kostbarem Öl, wenn auch kein Nardenöl. Sie salbt nun aber nicht das Haupt Jesu, sondern seine Füße. Allerdings ist das Salben erste der letzte Schritt in einer längeren Szene. Die

Frau weint. Sie weint so heftig, dass Tränen auf Jesu Füße fallen. Sie war eine Sünderin, heißt es im Text. Aber kommt ihr Weinen aus Verzweiflung und Scham? Weint sie, weil sie sich und ihr Tun erkannt hat, weint sie aus Reue, Trauer, vielleicht Selbsterkenntnis? Oder weint sie aus Dankbarkeit, aus Erleichterung, einfach erlöst von schweren Lasten? Wurde sie von einer Krankheit geheilt? Wann eigentlich fließen die Tränen am stärksten? Wir erfahren nicht, ob es vorher eine Begegnung zwischen Jesus und der Frau gegeben hat. So vieles ist denkbar.

Dann trocknet sie mit ihrem langen Haar die Tränen von Jesu Füßen. Sie küsst seine Füße und salbt sie schließlich mit Öl. Diese Szene ist voller Berührung, voller Nähe und Zuwendung.

Mütter küssen die Füße ihrer Säuglinge und Kleinkinder, aber auch Erwachsene lieben die Berührung und sanfte Massage. Meist aber verstecken wir unsere Füße, sie sind kein Körperteil, an dem wir uns in der Öffentlichkeit berühren wie Hände, Schultern oder auch das Gesicht. Füße sind privat.

Vielleicht deshalb, weil unsere Füße so extrem empfindlich für Berührungen sind aufgrund tausender von Nervenenden in den Fußsohlen, zeigen sie so viel von unserem Leben. Auch die Füße Jesu zeigen sein Leben. Vermutlich tragen sie die Spuren der vielen Wege, vielleicht auch Verletzungen.

Jesus lässt diese sehr intime Begegnung zu. Wir erfahren nicht, ob er die Frau dabei ansieht. Wir erfahren auch nicht, ob er sie berührt, sich aufrichtet oder einfach liegen bleibt.

Aber wir erfahren die Gedanken des Gastgebers. Er zweifelt an Jesu prophetischer Kraft. Jesus müsste doch wissen, was das für eine ist, ... All das denkt er, doch Jesus erweist sich als Prophet und »antwortet« auf seine Gedanken. Nun erzählt Jesus eine Geschichte vom Vergeben und Lieben. Darin zeigt er Simon, wie lieblos er bisher mit seinem Gast war. Er hat nur das Normale gegeben. Nichts darüber hinaus, weder Wasser, um die Füße zu waschen, noch einen Begrüßungskuss, schon gar nicht etwa ein feines Duftkegelchen für den Kopf (durchaus in der Antike eine Luxusvariante von Parfüm). Der Kontrast zwischen Simon und der namenlosen Frau könnte nicht größer sein.

Die Frau liebt und berührt Jesus. Simon ist distanziert und lieblos.

Die Szene endet damit, dass Jesus sich der Frau zuwendet, ihr Vergebung zuspricht und Frieden.

Auf die Salbungsszene folgt im Lukasevangelium die Aufzählung vieler Frauen, die seit Galiläa gemeinsam mit den Zwölfen Jesus begleiten (Lukas 8,1–3). Unter ihnen auch Maria von Magdala, aus der sieben Dämonen ausgefahren sind. Lukas differenziert beide Frauengestalten als je eigene Persönlichkeiten: die salbende Sünderin und Maria von Magdala. Erst mit Gregor dem Großen beginnt eine Art »Identifizierungskampagne«, die mehrere Frauen als eine einzige Person erscheinen lässt: Die Sünderin wird zu Maria von Magdala, bzw. Maria von Magdala zur Sünderin. »Die Frau« statt viele verschiedene Frauen.

Im Johannesevangelium erscheint erneut kurz vor der Passion eine Frau, die Jesu Füße (nicht das königliche Haupt!) salbt. Sie ist klar identifiziert als Maria, die Schwester von Marta und Lazarus. Sie salbt in Johannes 12,1–11 zunächst die Füße und trocknet sie dann mit ihrem Haar. Die namenlose Frau bei Lukas wusch mit ihren Tränen, trocknete die Füße, küsste und salbte erst zum Abschluss.

Wie bei Markus und Matthäus wird das Salben bei Johannes von Jesus als Vorgriff auf sein Begräbnis gedeutet. Was Maria tut, ist eine Vorwegnahme des letzten Liebesdienstes an seinem Körper. Vielleicht durch das Nardenöl auch bei Johannes ein Verweis auf die Königswürde Jesu, die sich erst in der Passion offen zeigt.

Auf jeden Fall gestaltet der Evangelist Johannes Maria zugleich wie eine Beispielgeberin der Fußwaschung der Jünger im folgenden 13. Kapitel. Wie Maria Jesus die Füße gesalbt und getrocknet hat, so wäscht und trocknet Jesus beim letzten Zusammensein seinen Jüngern die Füße. Es wirkt so, als wächst aus der eigenen Erfahrung der Salbung durch Maria in Jesus die Idee der Zeichenhandlung der Fußwaschung der Jünger als Vermächtnis. Zumindest literarisch hat sich also Jesus von Maria zu diesem Zeichen inspirieren lassen. Bis heute gilt: Wir sollen einander die Füße waschen, einander Diener und Dienerinnen sein.

Die Evangelien erzählen von drei ganz unterschiedlichen Salbungen, die mit Ausnahme der Erzählung von der Sünderin immer im Kontext der Passion auf die wahre Königswürde Jesu, auf seine Messianität und seine Sendung verweisen. Sie verweisen zudem darauf, dass Frauen symbolisch an Jesus gehandelt haben. Dass sie wussten, welcher Ritus aus der Tradition jetzt die Realität deuten kann.

Gleichzeitig berühren diese Salbungen in ihrer Entschiedenheit und Intensität. Nichts daran ist beliebig. Der Duft der Öle, die Berührungen und die innere Bestärkung begleiten Jesus auf dem Weg in den Tod. Ein tröstlicher Gedanke.

Ein Impuls

Ich nehme mir Zeit für eine Körperübung.

Ich fühle mich körperlich in alle drei Erzählungen von Salbungen ein:

Ich komme in den Raum und salbe Jesus das Haupt.

Ich weine und liebkose seine Füße.

Ich salbe seine Füße und trockne sie mit meinen Haaren.

Ich wechsle ganz sachte mehrmals die Positionen, gehe von einer Haltung in die andere und achte darauf, was mich innerlich besonders berührt.

Zum Weiterlesen

Ich lese die unterschiedlichen Geschichten von der versuchten Salbung am Ostermorgen in Markus 16,1–8; Matthäus 28,1–10 sowie Lukas 23,50–24,12.

Heiliges Wort
Zu ihrem Gedächtnis.

In mir versöhnt

Psalm 120

---

¹ Ein Wallfahrtslied. Ich rief zum HERRN in meiner Bedrängnis und er hat mich erhört.
² HERR, rette doch mein Leben vor lügnerischen Lippen und vor der falschen Zunge!
³ Was soll er dir geben und was dir noch antun, du falsche Zunge?
⁴ Scharfe Pfeile eines Kriegers und glühende Kohlen vom Ginsterstrauch.
⁵ Weh mir, dass ich als Fremder leben muss in Meschech, dass ich wohnen muss bei den Zelten von Kedar!
⁶ Ich muss schon allzu lange wohnen bei denen, die den Frieden hassen.
⁷ Ich bin Frieden; doch ich brauche nur zu reden, sind sie für Krieg.

Was höre ich
von den falschen
Zungen?
Welche Geräusche
gibt es in den
Zelten Kedars?
Wie klingt für
mich: Ich bin
Frieden?

Scheinbar ist es immer von den andern abhängig, ob ich selbst in Frieden leben kann. Unsere inneren Stimmen flüstern uns zu: Wenn die anderen endlich Frieden geben würden, dann könnte ich auch Frieden schließen. Wenn das und das erledigt oder eingestanden wird, oder wenn ich das und das bekomme, dann schließe ich Frieden. Solche inneren Dialoge zeigen häufig, dass wir auf eine Gegenleistung warten.

Psalm 120 schlägt einen anderen Weg vor. Einen Weg, der darin mündet, dass die Beterin oder der Beter am Ende sagen kann: »Ich bin Frieden«. Vollkommen unabhängig davon, was die anderen tun oder sagen. Ob sie einen Konflikt weiter treiben oder zu verhandeln beginnen.

Sicher ist Psalm 120 kein einfacher Text. Es ist an vielen Stellen nicht auf den ersten Blick deutlich, wer da überhaupt spricht und zu wem und worüber. Als gedichtete Gebete verlangen Psalmen oft nach intensiver Lektüre, nach Nachdenken, Einfühlen und Interpretation. Man braucht Zeit und Ruhe, um sich zu vertiefen. Und Zeit und Ruhe, um sich selbst darin zu finden.

Der Psalm beginnt im ersten Vers mit einem Bericht über eine religiöse Erfahrung. Jemand hat sich in einer Not an Gott gewandt und erzählt davon, dass er »erhört« wurde. Ganz wörtlich übersetzt hat Gott »geantwortet«. An vielen Stellen im Psalter hat die neue Einheitsübersetzung das jetzt so wörtlich wiedergegeben (z.B. Ps 34,5, 38,5; 118,21; 143,7). Dass Gott erhört hat oder geantwortet hat, bedeutet, dass der Beter hier etwas im Rückblick erzählt. Die Bedrängnis ist überwunden. Das Gebet hat eine Veränderung bewirkt.

Der zweite Vers beginnt mit einer Gottesanrede: HERR, JHWH, *mein Gott, rette mein Leben.* Das Wort »Leben« ist eine sehr abstrakte Übersetzung für das hebräische Wort *näfäsch*, das zunächst einfach sehr körperlich die »Kehle oder Gurgel« bezeichnet. Weil eben durch die Kehle alle Nahrung und Luft in den Körper gelangen und uns so am Leben halten, kann man übertragen auch übersetzen »Lebenskraft« (vgl. Ps 23,3) oder »Bedürftigkeit«. Als Sitz oder inneres Organ des Lebens wird vor allem im Psalter die »Kehle« oft mit »Seele« übersetzt. So z.B. in Psalm 62,2 »Bei Gott allein wird ruhig meine Seele «.

Die eigene Lebendigkeit und Kraft ist in diesem Psalm offensichtlich von Worten bedroht. Von Worten der Lüge und Falschheit. Dieses Gebet ist wie ein Gedicht, deshalb können die Lippen als Sinnbild für den ganzen Menschen erscheinen. Ebenso die Zungen. Diese Werkzeuge des Sprechens sind übermächtig, die Worte verdecken die Menschen, zu denen sie gehören. Das betende Ich nimmt die anderen Menschen nur in ihren Worten wahr. Das ist eine ganz reale Erfahrung. Werden wir von Worten verletzt, kann das so schmerzhaft und so bedrohlich sein, dass wir von unserem Gegenüber sonst nichts mehr wahrnehmen.

Wann ist das Leben so bedroht von Worten? Vermutlich immer dann, wenn Worte so sehr verletzen, dass man sich nicht mehr selbst befreien kann. Sie dringen tief in die Seele. Sie verfolgen einen. Man ist ständig in Gedanken damit beschäftigt. Man sucht Argumente und Auswege, spricht mit Freunden darüber, dreht sich im Kreis. Das ganze Leben, die gesamte Lebenskraft ist gefährdet. Der Konflikt beherrscht Gefühle und Gedanken, Zeit und Geist.

Was kaum zu klären ist, ist die Frage, ob in diesem Psalm der Beter ab Vers 2 rückblickend die Geschichte seiner Gebetserhörung erzählt oder aber ob der Psalm zunächst rückblickend für die Erhörung dankt und nun auf ein neues Problem verweist. Sollten wir den Psalm so lesen: Du hast mich erhört. Guter Gott, weißt du noch, damals, als ich sagte: Rette mein Leben vor lügnerischen Lippen.

Oder sollen wir ihn so verstehen: Damals hast du mich erhört. Jetzt habe ich folgendes Problem: Rette mein Leben vor …

Der Unterschied ist vielleicht nicht groß, aber in der ersten Variante wäre das betende Ich aktuell nicht gefährdet, bei der zweiten Variante befindet es sich in großer Not!

Im dritten Vers ändert sich die Gefühlslage. Aus der Hilflosigkeit und der Angst wächst nun die Aggression. Die Wut steigert sich auf den oder die Schuldige, die verantwortlich ist für das eigene Leiden. Sprachlich ist die Wut als Frage formuliert, die es in sich hat: Was soll ich dir noch antun? Vermutlich ist das hier eine verkürzte oder »geschönte« Verfluchung des Gegners. Alles Böse wünscht man dem Bösen an den Hals!

Diese Hassphantasie wächst sich immer weiter aus und wird im vierten Vers zu einer Kriegsphantasie: Tödliche Pfeile und außerdem noch Brandbomben wünscht man dem andern an den Hals. Vernichtung des Gegners, das ist der Wunsch. Und Gott soll bitte auf meiner Seite stehen! In der Konfliktforschung kennt man das Phänomen, dass Konflikte eine Stufe erreichen können, in der man bereit ist, den eigenen Untergang mit in Kauf zu nehmen, nur damit der andere zerstört wird.

Nach Situationsbeschreibung, Hassausbruch und Vernichtungsphantasien folgt nun im Vers 5 das Selbstmitleid. *Meschech* und *Kedar* gelten als Kriegsvölker an der nördlichen und südlichen Grenze der bewohnten Welt. Wenn der Beter hier darüber klagt, dass er eben an der Lebensgrenze wohnt, kann das nur bedeuten: Er hat komplett seinen eigenen Standpunkt, seine Mitte verloren. Er ist entgrenzt, ohne Halt, ohne Struktur. Es bleibt ihm kein Fluchtpunkt. Fremd ist er sich selbst.

Mit dem nächsten Vers setzt die Umkehr ein. Es reicht. Es gibt eine erste Sehnsucht, aus dem Drama auszusteigen, die Wohngemeinschaft mit den Gegnern zu verlassen: *Ich muss schon allzu lange wohnen bei denen, die den Frieden hassen.*

Übersetzt man ganz wörtlich, dann heißt es hier: Meine Lebenskraft (statt »Ich«) hat lang genug gewohnt bei denen, die den Frieden hassen. Das ist die Erkenntnis, dass die eigene Energie vollkommen eins geworden war mit dem Konflikt. Nun beginnt die Unterscheidung und Distanzierung. Etwas Neues wird möglich.

Der letzte Vers erzählt von der Verwandlung im Inneren: Ich bin Frieden; doch ich brauche nur zu reden, sind sie für Krieg.
    Das Eigene wiederfinden. Nicht zwischen Kedar und Meschech hin und hergerissen sein. Im eigenen Herzensgrund den Frieden wieder finden. Das ist eine unglaubliche Leistung. Sie benötigt vielleicht all diese Etappen: Die Verzweiflung, die Verfluchung und den Hass, das Selbstmitleid ..., Zeit für Gebet und irgendwann die Kraft zur Veränderung und Distanzierung.
    Von außen hat sich in Vers 7 nichts verändert. Die Umgebung ist immer noch auf Kriegsmodus eingestellt. Es ist völlig egal, was die Beterin oder der Beter tut oder sagt. Das ist in vielen Situationen die Realität.
    Und doch hat sich alles verändert. Innen ist Frieden.
    Der Konflikt frisst nicht mehr die gesamte Lebensenergie.

Was anfangs vielleicht eine Hoffnung war, ist Realität geworden: Gott »hat mich erhört.«
    Das Gebet hat eine Wende ermöglicht, einen Weg aus dem Selbstmitleid und der Wut und eine Wende zum Innersten der eigenen Seele.
    Innen ist immer die göttliche Kraft vorhanden, die mir Frieden zuspricht.
    Aus diesem inneren Frieden wächst der Segen der Stille.

Ein Impuls

Ich nehme mir Zeit und prüfe, welche Konflikte in meinem Umfeld mir aktuell Kraft rauben. Was würde geschehen, wenn ich sie einfach loslasse? Wenn ich einfach nichts mehr an Energie aufwende, um den Konflikt in Gang zu halten?

Zum Weiterlesen

Ich freue mich immer wieder an der Erzählung vom Streit der Mütter um das eine lebende Baby. Der weise König Salomo hat erkannt, dass wahre Liebe immer auf das Leben ausgerichtet ist (vgl. 1 Kön 3,16–28).

Heiliges Wort
Ich bin Frieden.

Folgt mir nach!

Lukas 9,57–62

---

⁵⁷ Als sie auf dem Weg weiterzogen, sagte ein Mann zu Jesus: Ich will dir nachfolgen, wohin du auch gehst.
⁵⁸ Jesus antwortete ihm: Die Füchse haben Höhlen und die Vögel des Himmels Nester; der Menschensohn aber hat keinen Ort, wo er sein Haupt hinlegen kann.

⁵⁹ Zu einem anderen sagte er: Folge mir nach!
Der erwiderte: Lass mich zuerst weggehen und meinen Vater begraben!
⁶⁰ Jesus sagte zu ihm: Lass die Toten ihre Toten begraben; du aber geh und verkünde das Reich Gottes!

⁶¹ Wieder ein anderer sagte: Ich will dir nachfolgen, Herr. Zuvor aber lass mich Abschied nehmen von denen, die in meinem Hause sind.
⁶² Jesus erwiderte ihm: Keiner, der die Hand an den Pflug gelegt hat und nochmals zurückblickt, taugt für das Reich Gottes.

Wie klingen Schritte auf dem Weg? Welche Geräusche entstehen beim Schaufeln oder Schließen eines Grabes? Was hört man beim Pflügen?

„Walk and talk" – »Gehen und dabei miteinander sprechen«, das ist einer der neueren Trends in der Coaching- und Beratungsszene. Neu und zugleich uralt.

Häufig erzählen Frauen und Männer, die auf dem Camino waren, von genau dieser Erfahrung. Man trifft jemanden unterwegs, geht einige Zeit miteinander und trennt sich wieder. Oft entstehen tiefe Gespräche und offene Fragen klären sich.

Es spricht sich einfach gut beim Gehen: Wir sind ausgerichtet auf ein Ziel und unsere Seele folgt unseren Schritten. Wir bewegen uns körperlich und die Gedanken und Gefühle kommen ebenfalls in Bewegung. Wir sind nicht allein, blicken gemeinsam in dieselbe Richtung, können jederzeit das Tempo erhöhen oder langsamer gehen, ja auch stehen bleiben und uns einander zuwenden. Die Natur sorgt für hohe Wachsamkeit und Aufmerksamkeit, die Gespräche verankern sich tief in der Erinnerung.

Vielleicht ist das, was uns das Lukasevangelium hier erzählt, auch eine Art »Walk and Talk«. Jesus ist unterwegs von einem Dorf ins andere. Seine Jünger begleiten ihn. Und da sind noch einige andere, die einsteigen ins Gespräch und sich dann auch wieder verabschieden. Sie ziehen irgendwie vorbei, die Dialoge sind auch nur Anfänge von längeren Geschichten, … Immer nur einmal geht die Rede hin und her. Einmal spricht Jesus, einmal »irgendjemand«. Brechen die Gespräche hier schon ab? Wohl kaum … Vielleicht eine Einladung, sich selbst mit auf den Weg zu machen, mitzugehen und weiterzusprechen. Eine Einladung, sich selbst an die Stelle von »irgendjemand« zu setzen.

Das große Thema aller drei Gespräche ist die Nachfolge. Den ersten und letzten Dialog beginnt »irgendjemand«, den mittleren eröffnet Jesus.

Es beginnt mit einem euphorischen: »Ich will dir nachfolgen, wo immer du auch hingehst!« Das ist ein Angebot vollkommener Hingabe. Schade, dass nicht erzählt wird, wie es zu dieser Euphorie kommt. Es gibt erzählerisch kein Ereignis, das unmittelbar vorausgeht. Oder vielleicht ist das auch gerade gut! Lukas ist ein perfekter Schriftsteller, wir müssen uns selbst etwas überlegen und eintragen, was wir wissen: Jesus lehrt, heilt, ist mit seinen Jüngern unterwegs. Offensichtlich eine Art zu leben, die anziehend wirkt! Jesus antwortet auf das Angebot mit dem Hinweis auf seine Heimatslosigkeit. Es gibt keinen festen Ort. Wer gebunden ist an einen Ort, kann diesen Weg nicht mitgehen, ist das die Pointe? Wer ein Nest oder eine Höhle braucht, um sich sicher zu fühlen, ist in dieser Art von Nachfolge verkehrt?

Wie hört eigentlich »irgendjemand« diesen Satz Jesu? Literarisch verstummt er. Der Dialog bricht ab. Geht er weg? Folgt er Jesus? Stellt er noch eine Frage? Antwortet er irgendetwas? Über all das schweigt Lukas und führt uns gleich in die nächste Begegnung.

Jetzt ergreift Jesus die Initiative und fordert einen anderen direkt zur Nachfolge auf. Der stimmt grundsätzlich zu, will aber zunächst seinen Vater bestatten. Eine verständliche Reaktion und sozial nicht nur angemessen, sondern geboten. Gleichzeitig frage ich mich, ob es hier wirklich einfach um eine aktuelle Beerdigung geht. Ist der Vater gerade gestorben, ist der Mensch auf dem Weg zur Beerdigung, ist das Thema wirklich jetzt aktuell? Oder versucht der Dialogpartner seine Entscheidung zu verschieben: Ja, wenn mein Vater dann gestorben ist, dann bin ich frei... Liegt unter seiner Antwort: »Ja, später mach ich das, jetzt hab ich noch andere Dinge zu tun.«? Ist der »tote Vater« ein Sinnbild für all das noch Unausgesprochene, was scheinbar so wichtig ist und uns täglich absorbiert und gefangen hält: die Pflichten, die sozialen Normen, »das Gschäft« (wie die Schwaben sagen)?

Wenn Jesus ihm entgegnet: »Lass die Toten die Toten begraben«, was meint er?

Würde nicht Jesu Antwort modern gesprochen lauten: Lebe jetzt dein Leben! Lass dich nicht binden von Nebensächlichkeiten? Verschiebe nichts, wozu du dich innerlich gerufen fühlst! Lebe deine Berufung! Heute!

Noch ein dritter Redegang folgt. Diesmal sind das Thema die Beziehungen mit anderen in unserer näheren Umgebung. Alle, in meinem Haus und Nahbereich.

Auch diese so vernünftige Bitte nach einem geordneten Abschied akzeptiert Jesus nicht. Schau nach vorne, lass die alten Bindungen. Wer die Hand an den Pflug legt und sich beim Pflügen umdreht, wird sofort aus der Bahn geworfen, er verliert die Dynamik und zieht schiefe Furchen. Er muss sich wieder mühsam auf die richtige Spur setzen.

Die kleine Szene stellt allen Leserinnen und Lesern des Evangeliums also drei sehr entscheidende Fragen: Wo willst du leben? Wann fängst du an mit deinem Leben? Mit welchen Menschen willst du zusammensein?

Ein Impuls

Ich mache heute einen Spaziergang und führe mindestens einen der Dialoge mit Jesus weiter.

Zum Weiterlesen

Ich erinnere mich an die Trennung der Schwestern Rut und Orpa (Rut 1,6–18) und die Trennung zwischen Abram und Laban (Gen 13,1–18).

Ich freue mich an der Verheißung einer neuen Familie mit all denen, die Gottes Wort tun (Mk 3,31–35).

Heiliges Wort
Du aber geh!

Schweigen

Drinnen bei dir
In deiner Gegenwart
Einfach nur Atmen

Drinnen bei dir

Zefanja 3,14–17

---

¹⁴ Juble, Tochter Zion! Jauchze, Israel!
Freu dich und frohlocke von ganzem Herzen,
Tochter Jerusalem!

¹⁵ Der HERR hat das Urteil gegen dich aufgehoben
und deine Feinde zur Umkehr gezwungen.
Der König Israels, der HERR, ist in deiner Mitte;
du hast kein Unheil mehr zu fürchten.

¹⁶ An jenem Tag wird man zu Jerusalem sagen:
Fürchte dich nicht, Zion!
Lass die Hände nicht sinken!

¹⁷ Der HERR, dein Gott, ist in deiner Mitte,
ein Held, der Rettung bringt.
Er freut sich und jubelt über dich,
er schweigt in seiner Liebe,
er jubelt über dich und frohlockt,
wie man frohlockt an einem Festtag.

Welche Geräusche macht ein Held? Welchen Klang hat Gottes Schweigen? Wie hört sich Gottes Jubel an?

In meiner Kindheit gab es noch keine Handys. Meine Eltern hinterließen sich oft zur schnelleren Orientierung kleine Notizen. Sie hassten es beide, suchen zu müssen. Sie wollten lieber finden und sie wollten gefunden werden. Auf diesen Zetteln standen deshalb auch vorwiegend Ortsangaben: Essen ist im Ofen, ich bin im Garten, ich bin im Arbeitszimmer, … Meine Mutter bewahrt meinen ersten solchen Informationszettel bis heute auf. Ich hatte darauf geschrieben: »bin in draußen«. Das war nicht philosophisch gemeint, sondern ganz real. Ich hatte den Raum angegeben, in den ich mich bewegen wollte.

Mir kommt der Anfang von Vers 17 wie so ein Notizzettel Gottes vor. Eine kurze Mitteilung, wo Gott ist. Sie muss nicht groß erklärt oder gedeutet werden. Alle, die es lesen, wissen sofort Bescheid: »Ich bin drinnen bei dir«, so übersetzt Martin Buber.

Eine wunderbare Zusage. Gott ist nicht »in draußen«, sondern »in drinnen«, im Innersten, in der Mitte, im Zentrum. Wir müssen nicht lang suchen. Wir können Gott finden. Gott will gefunden werden und versteckt sich nicht.

Im Kontext des Buches Zefanja hinterlässt Gott seinen »Notizzettel« für die Adressaten, die in Vers 14 genannt werden: Jerusalem, Tochter Zion, Israel. All das sind Begriffe für das Volk Israel. Einerseits als aktuelle Gemeinschaft aus Frauen, Männern und Kindern. Gleichzeitig eine Gemeinschaft über die Generationen hinweg bis heute. Diese Jerusalemer Gemeinde wird in Vers 12–13 noch genauer beschrieben:

*»Und ich lasse in deiner Mitte übrig ein demütiges und
armes Volk.
Sie werden Zuflucht suchen beim Namen des H̲ERRN̲ als
der Rest von Israel.
Sie werden kein Unrecht mehr tun und nicht mehr lügen,
in ihrem Mund findet man keine trügerische Rede mehr.
Ja, sie gehen friedlich auf die Weide
und niemand schreckt sie auf, wenn sie ruhen.«*

Bis zu diesem Punkt ist im Buch Zefanja bereits viel geschehen. Das Buch beginnt mit dem Aufweis der Ungerechtigkeit, die im Volk Gottes geschieht und beschreibt in harten Bildern die drohenden Zerstörungen im Land, in der Hauptstadt Jerusalem, an Menschen und Tieren. Dann nach dem großen Gerichtstag, der die Prahler aus der Mitte entfernt hat (vgl. Zef 3,11), der die soziale Ungerechtigkeit geahndet und die Amtsträger vernichtet (vgl. Zef 1,8) hat, ändert sich die Welt fundamental. Alle Welt hat sich bekehrt, die Verstreuten werden gesammelt (Zef, 3,9–10).

Auch die Androhung vom Anfang des Buches, die gesamte Schöpfung zurückzunehmen (vgl. Zef 1,1–3), ist – wie damals bei der Sintflut! – nicht realisiert worden. Wie mit Noah, seinen Kindern und Enkeln die Welt neu begann, so beginnt die Welt jetzt erneut. Es bleibt ein Rest, der einen neuen Anfang schaffen kann.

Auch wenn die Bilder im Buch Zefanja in ihrer vernichtenden Gewalt erschrecken, die Theologie ist in doppelter Weise beeindruckend: Einerseits können die realen sozialen und politischen Erfahrungen des Untergangs als Wirken Gottes interpretiert werden. Gott bleibt wirksam. Er sorgt für Gerechtigkeit. Sogar die Feinde sind letztlich »Werkzeug« in seiner Hand. Andererseits ist das nicht das letzte Wort. Gott fängt neu an mit den Armen, mit denen, die in Gottes Namen wohnen, die scheinbar keine Macht haben. Der Alttestamentler Norbert Lohfink nannte daher das Buch Zefanja »den Anfang aller Rede von der Kirche der Armen«.

Das Ende des Buches will Hoffnung schenken. Weil jetzt die Zeit des Konfliktes vorbei ist, ruft der Prophet mit dem Namen Zefanja (= Gott schützt) zum großen Jubel auf (V. 14–17). Jubeln und freuen soll sich die Tochter Zion, Israel, die Tochter Jerusalems.

Dieser neue Anfang führt auch dazu, dass völlig anders von Gott gesprochen wird. Im Vergleich zum bisherigen Buch, entsteht eine völlig neue Bildsprache. Gott ist jetzt voll positiver Emotionen, wendet sich heilvoll zu und jubelt ekstatisch.

Wenn die Redeeinleitung von Vers 16 »An jenem Tag wird man sagen, ...« heißt, dann ist Vers 17 nicht nur eine prophetische, sondern eine allgemein zugängliche Beobachtung. Jede und jeder wird Gott so erleben. Wer immer etwas über den Gott Israels sagen möchte, wird so sprechen: ...

Er ist in deiner Mitte	Ort
ein rettender Held	Wirkweise
Er freut sich über dich in Fröhlichkeit	emotionaler Ausdruck
Er schweigt über dich in seiner Liebe	emotionaler Ausdruck
Er jubelt über dich in Festfreude	emotionaler Ausdruck

Im Rückblick auf die bisherigen Kapitel 1–3 des Buches Zefanja hat sich enorm viel verändert in der Beziehung zwischen Gott und seinem Volk. Gottes Ort ist jetzt drinnen, innerhalb der Stadtmauer, er steht nicht mehr auf der Seite der bedrohlichen Feinde, ist nicht mehr außen.

Auch die Wirkweise Gottes ist völlig neu definiert: Er zeigt sich als »Held«, der rettend eingreift. Tatsächlich verwendet der hebräische Text hier ein Wort, das meistens einen kräfte- und waffenstrotzenden Kriegshelden beschreibt. Der Begriff ist nicht ungebrochen in der deutschen Sprache zu verwenden. Zu präsent sind die historischen Erinnerungen an die »Helden des Zweiten Weltkrieges« oder »die Helden der Arbeit« in der DDR, nicht zu vergessen die fast ironische Verwendung »Held des Tages« etc.

Vor kurzem habe ich mit einer Gruppe bei einer Kurseinheit zu Zefanja lange über das Wort »Held« gesprochen. Für manche wurde der Zugang über moderne, fiktive »Helden« wie James Bond oder Gestalten aus »king of thrones«, Herr der Ringe oder Harry Potter möglich. Die meisten wollten mit realen oder fiktiven Helden aber nicht viel zu tun haben.

Gott als »meinen Held« zu beschreiben, war allen sehr fremd. Nur langsam näherten wir uns der Bedeutung des Wortes über das Erzählen von Rettungserfahrungen, von Erlebnissen mit schützenden Patroninnen und Patronen und von beeindruckenden Persönlichkeiten. Noch immer war der »Held« das Schwierigste an diesem Text. Abends kam ein Domkapitular zur Heiligen Messe in den Kurs, als erstes Lied hatte er ausgewählt: »Mir nach, spricht Christus, unser Held«. Die gesamte Gruppe schmunzelte vor sich hin und er bemerkte etwas irritiert dieses Raunen. Unsere Heldengespräche entwickelten danach eine weitere Dynamik: Bin ich gerettet? Was heißt für mich Erlösung? Ist Christus mein Retter? Was genau ist es, woraus ich gerettet werden muss?

Nachdem Vers 17 Gott als rettenden Helden in der Mitte des eigenen Ortes, spirituell gelesen: in meinem eigenen Zentrum, definiert, folgen drei sehr emotionale Versteile. Sie beschreiben Gottes ekstatisches Verhalten im Blick auf den Menschen in einem Dreierschema: Freude – Schweigen – Freude.

Die klassische Klage hatte in der Antike genau dasselbe Muster: Klage – Schweigen – Klage. Vers 17 ist also formal so etwas wie eine umgekehrte Klage.

Gott muss nicht mehr klagen und trauern, die Rede vom Gericht kommt überhaupt nicht mehr vor. Nur eines bleibt noch bei Gott: Er schweigt in seiner Liebe. Das ist weit über Worte hinaus.

Kein Schweigen mehr aus Trauer, kein Schweigen aus Abscheu oder Abkehr, kein Schweigen, das einen Beziehungsabbruch signalisiert. So befahl noch Zef 1,7 in der Erwartung des Gerichtes: »Schweigt vor Gott!«

Jetzt am Ende des Buches gilt das Gegenteil: Gott ist wie verrückt vor Freude und schweigt in liebender Zuwendung.

Dieses göttliche Schweigen ist wie eine Einladung dazu, mit Gott zu schweigen.

Einzustimmen in gemeinsames Schweigen und einander Liebe zu schenken.

Sich anstecken zu lassen von seiner jubelnden Freude, die das Schweigen einschließt.

In vielen Übersetzungen (auch der alten Einheitsübersetzung) liest man »Gott erneuert seine Liebe«. Ein göttliches Schweigen war schon in der Antike eine sehr ungewöhnliche und in gewisser Weise paradoxe und irritierende Beschreibung. Denn Gottes Schweigen bedeutet üblicherweise seine Abkehr. Es ist meistens ein Zeichen des Beziehungsabbruches, ein Zeichen von Abwesenheit und Einsamkeit, von Störungen und Unstimmigkeiten (vgl. nur Ps 28,1; 35,22; 39,13; 83,1; 109,1; Jes 64,11 und öfter). Diese wirklich einzigartige, und ungewöhnliche Ausdruckweise des »Schweigens Gottes aus Liebe« führte schon in der antiken griechischen Übersetzung, der Septuaginta, dazu, dass der Text »sinnvoll korrigiert« wurde. Man ging davon aus, dass der hebräische Text mit einem Fehler überliefert war. Diesen Fehler konnte man zudem leicht erklären, denn im Hebräischen macht ein einziger Konsonant den Unterschied: *harasch* / חרש – schweigen oder *hadasch* / חדש – erneuern. Die Konsonanten »r« und »d« sind zudem noch sehr ähnlich, sie unterscheiden sich nur durch einen sehr kleinen waagrechten Strich (vgl. jeweils den mittleren hebräischen Buchstaben!). Nicht die Ausdrucksweise der Liebe wurde als Inhalt des Versteils wahrgenommen, sondern was Gott mit seiner Liebe tut – in diesem Fall »sie zu erneuern« nach dem Gericht.

Übersetzt man »Gott erneuert seine Liebe«, macht das zwar im Kontext des Buches durchaus auch Sinn. Denn es geht ja um einen neuen Anfang. Dennoch hat der hebräische Text noch eine tiefere Dimension als seine korrigierte Variante. Der Konflikt ist längst vorbei. Gott hat rettend (durch das Gericht hindurch) gehandelt. Die Beziehung zwischen Gott und Israel, zwischen Gott und Jerusalem, zwischen Gott und jeder und jedem einzelnen passt perfekt.

Die Gefühle schwingen.
Freudiger Jubel wechselt mit Phasen innigen Schweigens.
Das Schweigen öffnet sich wieder in staunende
Beobachtungen.
Was hier beginnt, ist wie ein Liebesspiel zwischen Gott und
Mensch.
Es ist die Einladung, sich von Gott lieben zu lassen.
Seine Begeisterung über mich zu hören.
Gottes Liebe anzunehmen.

Ein Impuls

Ich stelle mich hin, lasse Arme und Hände sinken. Ich bewege meine Hände langsam bis ganz nach oben. Was fühle ich in welcher Position? Welche Haltung gefällt mir gut?

Dann schreibe ich den Text von Zefanja 3,17 auf ein schönes Blatt Papier. Dabei setze ich meinen Namen überall dort ein, wo in Zefanja 3,17 »du/dir/dich« steht.
Das macht mich noch mutiger und ich schreibe ganz konkret auf, was Gott an mir begeistert!

Zum Weiterlesen

Ich staune über Jesaja 14,9 und Exodus 17,7 oder lasse mich berühren von Maleachi 1,2 und vielleicht auch von Johannes 14,23.

Heiliges Wort
In seiner Liebe.

In deiner Gegenwart

Psalm 65,2–4

² Dir ist Schweigen Lobgesang,
Gott, auf dem Zion,
dir erfüllt man Gelübde.

³ Du erhörst das Bittgebet.
Alles Fleisch wird zu dir kommen.
⁴ Sündenlasten, die mir zu schwer sind,
unsere Frevel, nur du kannst sie sühnen.

Wie hört sich
Schweigen an?
Wie klingt
Lobgesang?
Welches Geräusch
machen Gelübde?

Es ist ein Segen, wenn zwischen Menschen Stille und Schweigen sein darf.

In jeder Freundschaft gibt es diese Momente: Wenn das leise und zarte Schwingen fast akustisch wahrnehmbar wird, wenn jedes weitere Wort etwas zerstören würde. Ein Freund sagte es so: Wenn unsere Seelen und Körper miteinander sprechen wollen, dann sollten wir uns still halten.

Manchmal gibt es auch ein Schweigen, das notwendig ist, weil jedes weitere Wort verletzen würde. Oder wir schweigen, weil einfach alles gesagt ist. Vielleicht sind auch manchmal Worte zu klein für das Geschehene.

Psalm 65 beginnt mit einer auf den ersten Blick eigenartigen Formulierung: Dir ist Schweigen Lobgesang. Das ist die ganz wörtliche Übersetzung, die auch in der Einheitsübersetzung nun so zu finden ist. In der Fassung von 1980 lautete der Vers: »Dir gebührt Lobgesang.«

Blickt man in den hebräischen Text, wird schnell sichtbar: hier fehlt das Verb. Eine Eigenart der hebräischen Sprache besteht darin, dass sie – völlig anders als das Deutsche – auf Hilfsverben häufig verzichten kann. »Für dich – Schweigen – Lobgesang«. Ein deutscher Satz wird das erst, wenn man ein Verb einsetzt. In diesem Fall eine Form von »*sein*«: Dir *ist* Schweigen Lobgesang.

Der Satz bleibt allerdings paradox. Denn Lobgesang ist eben Gesang, also hörbar und bestehend aus Worten und Sätzen, versehen mit irgendeiner Art von Melodie.

Die nächsten Verse des Psalms sprechen von Gelübden und Bittgebeten.

Weil Lobgesang im Vergleich zu Gelübden und Bittgebeten einfach eine dritte Art des Gebetes ist, hat schon die Septuaginta so interpretiert: »Dir *gebührt* Lobgesang, dir erfüllt man Gelübde, du erhörst das Bittgebet.« So entsteht eine logische und in sich stimmige Reihe von drei verschiedenen Gebetsformen. Dieser Lesart folgte auch die alte Einheitsübersetzung.

Diese Interpretation der Septuaginta ist möglich, weil man den hebräischen Text (wie in Ps 33,1) sowohl als »es gebührt« als auch als »Schweigen« lesen kann.

Inhaltlich ist bei der gewählten Übersetzung dann aber die spannende Frage, ob das »Schweigen als Lobgesang« irgendwie sinnvoll gedeutet werden kann. Was bindet »Schweigen« und »Lobgesang« aneinander?

Hier hilft ein Blick in den Kontext. Wenn man den gesamten Psalter als Buch liest: Von welchen Erfahrungen kommen die Beterinnen und Beter dann gerade?

So wird eine Lösung erkennbar: Alle Psalm 65 vorausgehenden Psalmen sind Klagelieder. Vielleicht ist das Schweigen also ein Fortschritt im Gebet?

Will der Text so verstanden werden?

Seit Psalm 51 reiht sich Klage an Klage (z.B. Ps 64,2: »Höre mein lautes Klagen!«), dann endlich in Psalm 65,1 ein erstes Aufatmen und Beenden der Klage im Schweigen. Vielleicht eine Art Ruhepunkt in der Gottesbeziehung? Ein Ausatmen und Stillhalten und Luft holen?

Auf das Schweigen folgen dann zwar auch in Psalm 65 ab Vers 2 wieder viele Worte, aber keine Klage mehr. Gegen Ende des Psalms, nach einer längeren Meditation über die Schöpfung (Ps 65,6–14) jauchzen immerhin schon die Weiden der Tiere.

Schließlich beginnt in den ersten Versen von Psalm 66 auch die Menschheit den Lobpreis: »Jauchzt Gott zu, alle Länder der Erde! Spielt zur Ehre seines Namens! Verherrlicht ihn mit Lobpreis!«

Die weiteren Verse in Psalm 66 erzählen, wie die Gottesbeziehung wieder ins Lot kam. Psalm 67 schließlich singt vom Segen, in Psalm 68 kommt das Vertrauen bereits wieder ins Schlingern und Psalm 69 beginnt wieder mit einer Klage: »Rette mich, Gott!«

Es hört also nicht auf. Zumindest vorläufig noch nicht!

Das Elend – egal welcher Art – ist so bedrängend, dass der Weg zum umfassenden Lob insgesamt 150 Psalmen dauert.

Schweigen ist in bestimmten Situationen das einzige Gebet, dass möglich ist, ohne zur Lüge zu werden.

Es kann sein, dass die Klage längst zu Ende ist.

Es kann auch sein, dass das Bitten zu Ende ist.

Dann kommt Schweigen.

Diese Stille ist ganz sicher Gebet.

Ein Impuls

Ich wähle einen der untenstehenden Verse und wiederhole ihn täglich wie ein Mantra. Ich verbeuge mich dabei respektvoll vor dem Geheimnis Gottes.

Zum Weiterlesen

Ich blättere den gesamten Psalter oder einen bestimmten Abschnitt durch und lese jeweils den Anfang. Was erfahre ich über die Ausgangssituation? Beginnt der Psalm mit Klagen, Bitten, Jubelrufen?
Ein andermal kann ich jeweils das Ende einzelner Psalmen lesen.

Heiliges Wort
Schweigen

Alle Welt schweige in der Gegenwart des HERRN.
Denn er tritt hervor aus seiner heiligen Wohnung.
Sacharja 2,17

Gut ist es, schweigend zu harren
auf die Hilfe des HERRN.
Klagelieder 3,26

Als das Lamm das siebte Siegel öffnete,
trat im Himmel Stille ein,
etwa eine halbe Stunde lang.
Offenbarung 8,1

Einfach nur Atmen

Psalm 150

---

¹ Halleluja!
Lobt Gott in seinem Heiligtum,
lobt ihn in seiner mächtigen Feste!

² Lobt ihn wegen seiner machtvollen Taten,
lobt ihn nach der Fülle seiner Größe!

³ Lobt ihn mit dem Schall des Widderhorns,
lobt ihn mit Harfe und Leier!

⁴ Lobt ihn mit Trommel und Reigentanz,
lobt ihn mit Saiten und Flöte!

⁵ Lobt ihn mit tönenden Zimbeln,
lobt ihn mit schallenden Zimbeln!

⁶ Alles, was atmet,
lobe den HERRN.
Halleluja!

Wie klingen
die einzelnen
Instrumente?
Welches Geräusch
entsteht beim
Reigentanz?
Mit welcher
Melodie höre
ich: Halleluja?

Sobald ich das Wort »Halleluja« lese, höre ich in mir je nach Stimmung ganz verschiedene Melodien: Da gibt es das langsam anschwellende, vielleicht noch etwas unsichere »Halleluja« aus der Osternacht, das sich dann über Wochen ausbreitet. Außerdem den festen und klaren Einsatz des Halleluja-Chores aus dem Messias von Georg Friedrich Händel. Oder es meldet sich die Erinnerung an viele Fußwallfahrten nach Altötting, in denen das Halleluja aus dem Lied »Gehet nicht auf in den Sorgen dieser Welt«, uns allen den Takt und die Kraft für die letzten Etappen gab und dann später die Freude des »Angekommen-seins« begleitete.

Nicht zuletzt schwingt in mir das berührende Halleluja von Leonard Cohen. ...

Halleluja! Lobt Jah!
Lobt Gott in seinem Namen.
Lobt Gott durch den Namen »Ich bin.«

Manchmal träume ich mich in diesen Namen hinein.
    Ich lasse mir zusprechen »Ich – bin – da«.
    Ich lausche auf »Ich – bin – da.«
    Ich antworte »Hier bin ich.«
    Wie schön, in solchen Worten zu Hause sein zu dürfen.

Das allumfassende Halleluja rahmt die letzten fünf Psalmen 146–150. So endet der gesamte Psalter mit einem überwältigenden Halleluja! Aus den Klagen und Bitten, dem Dank und Lobpreis, den vielen Erinnerungen an die gemeinsame

Geschichte entwickelt sich dann am Ende des Buches der letzte Psalm 150 als ein einziger Aufruf zum Gotteslob. Ein Text, der vom Lobpreis gehalten ist. Der unerschütterlich am Da-sein Gottes festhält.

Dieser letzte Psalm ist in mehrfacher Hinsicht eine ganz besondere Komposition. Es lohnt sich, Worte zu zählen, um die Struktur zu erfassen.

Das hebräische Wort für »loben« – *halal* « steckt in Hallelu-ja (Lobt Jah[we]) und wird im Psalm mehrfach wiederholt: Nach dem eröffnenden Halleluja in Vers 1 erfolgt zehnmal die Aufforderung »Lobt ihn …«. Die Zahl 10 verweist auf Ganzheit, auf alles, was man an 10 Fingern abzählen kann und natürlich auf die 10 Gebote, mit denen die Freiheit aus der Sklaverei bewahrt bleiben kann.

Das rahmende Halleluja erscheint zweimal, so dass 10 plus 2 die Symbolzahl 12 ergibt, die wiederum auf die Fülle und Gesamtheit der 12 Stämme Israels oder der Monate eines Jahres verweist. Im Vers 6 verwendet der Psalm eine weitere Form von »*halal*«, so dass das Verb insgesamt 13mal vorkommt. Die 13 wiederum ist im Judentum eine Symbolzahl für Gott selbst.

Innerhalb der Rahmung bilden Vers 1–2 und 3–5 zwei voneinander zu trennenden Einheiten (Orte 1–2; Musikinstrumente 3–5). Diese beiden Unterabschnitte enthalten jeweils viermal bzw. sechsmal »loben« im Imperativ. Auch diese Zahlen sind voller Symbolik. Die Zahl 4 kann symbolisch für die Ganzheit der Erde im Sinne der vier Himmelsrichtungen stehen. Das passt sehr gut zu der universalen

Perspektive der ersten beiden Verse, die Himmel und Erde verbinden.

Man könnte auch so zählen: Die sechsmal »loben« in Versen 3–5 werden ergänzt mit der einen weiteren Form für »loben« in Vers 6. Diese Struktur bildet symbolisch das in der Schöpfung grundgelegte Wochenschema von 6 Tagen plus einem heiligen Tag ab.

Nimmt man all diese Zahlenstrukturen auf, dann ändert sich die Perspektive auf Psalm 150. Ein Psalm, der auf den ersten Blick wie eine harmlose Aufzählung von Aufforderungen zum Lobpreis oder wie eine Orchesterangabe von Musikinstrumenten erscheint, zeigt sich als kunstvoll gebaute Struktur. Hier ist kein Wort zu viel oder zu wenig. Psalm 150 ist gezielt als abschließendes und perfektes Lobgedicht komponiert.

Auch inhaltlich lässt sich eine klare Struktur beobachten. Die ersten vier Aufforderungen zum Lob beschreiben zunächst den Ort (V. 1) und dann den Grund des Lobes (V. 2).

Vermutlich ist mit Heiligtum in Vers 1 der irdische Tempel gemeint und in der zweiten Vershälfte wird dieser um den himmlischen Tempel ergänzt.

Die »mächtige Feste« ist ganz wörtlich das die Schöpfung haltende Himmelsgewölbe. Von daher konnte Martin Buber übersetzen: »Preiset ihn am Gewölb seiner Macht!« Am Gewölbe sind nach altorientalischer Vorstellung Sterne, Mond und Sonne befestigt. Franziskus folgt in seinem Sonnengesang einem ähnlichen Impuls: »Gelobt seist du mein Herr, durch Schwester Mond und die Sterne.«

Der Lobpreis geht also sowohl von der Erde als auch vom Himmel aus, er ist universal. Himmel und Erde sind vereint. Jegliche Trennung ist aufgehoben.

Diese Vorstellung entspricht inhaltlich auch der Verheißung im letzten Buch der Bibel. Das himmlische Jerusalem wird zum irdischen Jerusalem (vgl. Offb 21,1–4) und Gott ist in seiner Mitte für alle präsent.

Vers 2 gibt nun ein Motiv für das universale Gotteslob an: Die Erinnerung an sein Wirken, an seine großen Taten der Schöpfung und Befreiung. Dieses Lob soll ebenso unendlich sein wie Gott selbst. Seine Fülle – seine unzählbare und undefinierbare Vielheit wird sprachlich mit seiner Größe in räumlicher wie zeitlicher Dimension gepaart. Vers 2 geht an die Grenzen menschlicher Sprache und Wahrnehmungsfähigkeit. Mit den Versen 1 und 2 werden alle Begrenzungen in Raum und Zeit aufgehoben. Wer dieses Gebet mitspricht, steht in einer nie endenden Klangschleife. In eine Welle von Energie, die sich ausbreitet bis an die Grenzen des Universums und von dort ihr Echo zurückwirft.

Dieser Jubel wird nun in den Versen 3–5 konkretisiert. Was zunächst wie eine zufällige Aufzählung verschiedenster Musikinstrumente erscheint, erschließt sich bei langsamer und bedächtiger Lektüre. Was sind das jeweils für Instrumente? Wofür werden sie verwendet? Wer spielt sie gewöhnlich und an welchen Orten?

Es beginnt in Vers 3 mit dem Schall des Schofar. Dieses Instrument ist ein ganz natürlich belassenes Tierhorn, mit dem man keine Melodien spielen kann, sondern kurze oder längere Signaltöne erzeugt. Es wurde im Krieg eingesetzt und in der Liturgie. Gleichzeitig ist es durch seine Verwendung im Kult auch ein Signal für Gottes Gegenwart geworden. So hört das Volk bei der Offenbarung am Sinai in Exodus 19,16.19 auch den Schall von Hörnern. Der Alttestamentler Erich Zenger spricht daher davon, dass das Schofar Gottes Gegenwart nicht nur ankündigt, sondern bewirkt.

Wer je am Versöhnungstag oder zu einem anderen Fest in einer Synagoge oder bei einem Besuch im Land Israel den Klang von Schofarhörnern erlebt hat, weiß um das durchdringende Geräusch. Es geht durch »Mark und Bein« und es ist unmenschlich laut. Der erste Jubel in Psalm 150 ist in keiner Weise schön oder angenehm. Dieser Klang kündet von der erschreckenden Dimension Gottes. Ehrfurcht, Demut und Zittern sind die natürliche Reaktion darauf.

Bei der Angst bleibt es aber nicht, die nächste Etappe versöhnt uns mit melodischem Klang von Harfe und Leier. König David konnte dem alten Saul mit diesen Instrumenten Erleichterung in seinen depressiven Phasen schenken. Das Vibrieren der Seiten, in die unsere Körper mit einschwingen, die harmonische Stimmung und der sanfte Klang dieser Saiteninstrumente bewegen unsere Gefühle in milde, weiche und hoffnungsvolle Gemütslagen. Das tut gut nach dem schroffen Signal des Schofars. Dieser Klang fühlt sich an wie die ersten Sonnenstrahlen nach einem heftigen Gewitter.

Nun sind wir bereit für den Tanz. Der nächste Vers ist voller Rhythmus. Die Trommeln geben den Takt, die Füße schreiten im Kreis, stampfen auf die Erde, hüpfen vor Lebenslust. Auf jeden Fall ist jetzt die Zeit für Bewegung. Alles ist auf den Beinen.

Vielleicht hat die Abfolge der Instrumente neben der Dimension des Klangs auch eine räumliche Perspektive. Beginnt der Jubel ganz innen im Tempel? Erklingt das Schofar im Allerheiligsten des Tempels und breitet sich dann aus zu den Frauen und Männern, die für die musikalische Inszenierung zuständig sind? Ist die nächste Etappe dann der Tanz der Beterinnen und Beter im öffentlich zugänglichen Bereich der Tempelanlage?

Es folgen nun wieder Melodien von weiteren Saiteninstrumenten und Flöten. Sehr viel leiser als die Trommeln spielen diese. Vermutlich auch leiser als die folgenden Zimbeln.

Mit den Zimbeln, die einerseits aneinander gerieben oder auch laut aufeinander geschlagen werden können, steigt der Geräuschpegel wieder massiv an. Bis in unsere Zeit kann ein Becken ein ganzes Orchester übertönen, ein brausendes Finale unterstützen oder einfach selbst den Schlussakkord setzen.

Dann kehrt Stille ein.

Nach diesem universalen Jubel mit so unterschiedlichen Instrumenten führt der abschließende Vers 6 noch einmal in die Realität der Beterinnen und Beter des Psalmenbuchs zurück:

»Alles, was atmet, lobe den HERRN.«

Viele Wissenschaftler interpretieren diesen Satz als Metapher für die Sprachfähigkeit des Menschen. Jedes gesprochen Wort lobt Gott!

Der Atem, den Gott den Menschen nach Genesis 2,7 in die Nase bläst, kommt als Sprache wieder aus dem Menschen: als Gotteslob, als Klage, als Erinnerung, als Hoffnung, als Psalmengebet.

Aus diesen Überlegungen heraus erklärt sich der jüdische Spruch: »*Gott sprach die Tora und David antwortete die Psalmen.*« Die Tora, die ersten fünf Bücher der Bibel (vgl. Psalm 1,2) erzählen von der Schöpfung (Gen 1) über die Befreiung (Ex 15) bis hin zum Moment des Stehens am Grenzfluss zum verheißenen Land. Die Tora endet mit einem Segen über die 12 Stämme und dem Tod des Mose (Dtn 33–34). Ab diesem Moment muss die Freiheit realisiert werden, individuell und als Gemeinschaft. Ob und wie das gelingt oder eher nicht, davon erzählen die weiteren biblischen Bücher. Auf die grundsätzliche Gabe aller menschlichen Möglichkeiten antwortet David also stellvertretend für alle mit der Sprache der Psalmen. In diese Antwort stimmen wir bis heute mit ein.

Im Kontext des Psalmenbuches ist das eine einleuchtende Interpretation von Vers 6. Gleichzeitig rührt der Vers noch weiter in meine ganz persönliche Gegenwart. Wenn ich meinen bewussten oder auch unbewussten Atem, wenn ich jedes Einatmen immer als Impuls Gottes hin zu mir deute, wenn ich jedes Luftholen nicht als eigene Kraftanstrengung erlebe, sondern als Geschenk, was verändert sich dann?

Ich atme nicht ein, sondern ich lasse mir Atem schenken.
Es atmet in mir.
Gott atmet mich.

So entsteht ein inniges Gespräch zwischen Gott und mir in meinem bewussten oder unbewussten Da-sein.
Ein Gespräch zwischen Gott und meinem Körper, der bewegt, geweitet und genährt wird. Lebendig bleibt.
Ist dann jedes Ausatmen meine Antwort? Begleitet ein Wort mein Ausatmen, ein Gefühl, tiefes Einverständnis, ...?
Eine sehr intime, persönliche und immerwährende Begegnung beginnt.
Jeder Atemzug ist Antwort. Wir können gar nicht aus dem Gespräch mit Gott herausfallen, wir beten immer. Ein stilles, immerwährendes Zwiegespräch.
Manchmal bewusst wahrgenommen, meistens einfach unbewusst vollzogen.

Unweigerlich wird immer größer, was alles zu »jeder Atem« gehören könnte:
Alles, was atmet – auch die Tiere?
Alles, was atmet – auch die Pflanzen?
Alles, was atmet – vielleicht die ganze Erde?

Die ganze Welt ein ständiges Aus- und Einatmen.
Ein immerwährendes Halleluja.

Ein Impuls

Ich wiederhole wie ein Mantra sooft ich daran denke:
»Alles, was atmet, lobe den HERRN.«
Für den Gottesnamen wähle ich ein Wort, das mich innerlich berührt:
DICH, den EWIGEN, die EWIGE, DIE LIEBE, die WAHRHEIT, Christus.

Zum Weiterlesen

Ich lese jeweils die letzten Verse von biblischen Buchgruppen oder einzelnen Büchern. Die ganze Bibel endet mit der Offenbarung des Johannes, das christliche Alte Testament mit dem Prophetenbuch Micha, die jüdische Bibel mit dem zweiten Buch der Chronik, ... Welche Texte sprechen mich an?

Heiliges Wort
Alles, was atmet.